Franca Mangiameli

DAS GROSSE LOGI® KOCHBUCH.

120 raffinierte Rezepte zur Ernährungsrevolution von Dr. Nicolai Worm.

Mit exklusiven LOGI-Kompositionen der Spitzenköche
Alfons Schuhbeck, Vincent Klink, Ralf Zacherl,
Christian Henze und Andreas Gerlach.

INTERVIEWS UND GRUNDLAGEN RUND UM DIE LOGI-METHODE.

REZEPTE UND LOGI-TIPPS

DAS GROSSE LOGI-KOCHBUCH
INHALT

Als Ernährungswissenschaftlerin und Ernährungsberaterin habe ich täglich mit übergewichtigen Menschen zu tun. Die meisten von ihnen haben in der Regel reichlich Diäterfahrung und nicht nur einmal mit dem unliebsamen Jo-Jo-Effekt Bekanntschaft gemacht.

Viele von ihnen fragen sich, was sie eigentlich falsch machen, dass sie die Normalfigur nicht mehr erreichen, sondern immer schwerer werden. Machen sie irgendetwas grundsätzlich falsch?

Die Ernährungsprotokolle, die meine Patienten im Rahmen der Ernährungsberatung ausfüllen, zeigen, dass viele von ihnen eine regelrechte Fettphobie ausleben. Ihre Konzentration hinsichtlich gesunder Ernährung ist meist auf das Vermeiden von Fett gerichtet – sie essen Light-Produkte von Magerquark über entrahmte Milchzubereitungen und fettarmen Käse bis zu fettfreien Knabbereien, Eissorten oder Salatdressings.

Dem Zuckerkonsum schenken sie meist keine Aufmerksamkeit. So tauchen sehr häufig entrahmte Fruchtjoghurts oder fettfreie Gummibärchen als Ausgleich für den Fettverzicht auf. Gewichtige Zuckerbomben, selbst wenn »Diät« draufsteht!

Vielfach greifen die Abnehmwilligen zur Überbrückung des Hungers und aus Zeitmangel zwischendurch zum trockenen Brötchen, zum Butterhörnchen oder zum Müsliriegel. Dieses Schnell-mal-eben-essen solcher zucker- und stärkereichen Fertigprodukte zieht sich nicht selten über den ganzen Tag. Und häufig endet ein Tag, der zum Beispiel mit einem Marmeladenbrot süß begonnen wurde, abends auch wieder süß. Alle, die den ganzen Tag überwiegend von raffinierten Kohlenhydraten leben, kennen in der Regel auch die typischen Folgen: Müdigkeit, Trägheit und ständiger Appetit – oft auf Süßes.

Aus ernährungswissenschaftlicher Sicht ist das kein Wunder: Die Kohlenhydrate aus Zucker und Stärke liefern im Grunde nur leere Energie. Und darüber hinaus geht der hohe Kohlenhydratverzehr oft auch noch zulasten des Obst-, Gemüse- und Salatverzehrs. Was bedeutet, dass die lebenswichtigen Vitamine und Mineralstoffe Mangelware sind. Deswegen habe ich meinen Patienten immer schon empfohlen, ein Auge auf die Kohlenhydrataufnahme zu haben.

Mein Weg zu LOGI

Eines Tages empfahl mir eine Freundin, ebenfalls Ernährungswissenschaftlerin, das Buch »Syndrom X« von Dr. Nicolai Worm zu lesen. Mein erster Gedanke war: »Nicht schon wieder so ein Populärwissenschaftler, der nur provozieren möchte und damit die Menschen verunsichert.« Dennoch las ich das Buch und war wider Erwarten begeistert – von seinen Aussagen, von seinen umfassenden Recherchen und der wissenschaftlichen Tiefe des Buchs. Jede relevante Aussage konnte er mit entsprechenden Literaturstellen belegen.

VORWORT VON
FRANCA MANGIAMELI

Dass Nicolai Worm in vielen seiner Bücher ausdrücklich vor Ernährungsberatern warnt, konnte mich nicht davon abhalten, Kontakt zu ihm aufzunehmen. Ich wollte mehr über seine Theorien erfahren. Umgehend antwortete er und erzählte mir von seinem neuen Werk »Die LOGI-Methode«. Ich habe es in einem Rutsch verschlungen, und seither stehen wir in ständigem Kontakt und tauschen unsere Erfahrungen aus Praxis und Wissenschaft aus. Ich schätze Nicolai Worm sehr, insbesondere weil er sich stets treu geblieben ist, den Fragestellungen auf den Grund geht und nicht einfach ungeprüft Meinungen oder Positionen von sogenannten Autoritäten übernimmt. Seit Jahren warnt er nun schon vor den Folgen der kohlenhydratliberalen Ernährungsweise – doch erst jetzt wird er angehört. Er ist im Gegensatz zu anderen Ernährungsexperten standhaft in seinen Aussagen und springt nicht von einem fahrenden Zug auf den nächsten – genau das macht ihn so glaubwürdig.

Meine Praxiserfahrungen mit LOGI

Seitdem ich mich mit Unterstützung von Dr. Worm immer mehr mit LOGI und anderen kohlenhydratreduzierten Kostformen auseinandersetze, bin ich überzeugt, dass dieser alternative Ernährungsansatz für viele den Ausweg aus dem Diätendschungel bedeuten könnte. Vor allem für Patienten, die schlecht mit den bisherigen Maßnahmen abnahmen oder die eine Kohlenhydratempfindlichkeit zeigten. Die Erfahrungen mit der LOGI-Pyramide bestätigen meine eigene Überzeugung, dass Kohlenhydrate bei erhöhtem Verzehr eine geradezu heimtückische Wirkung auf den Stoffwechsel haben. Und desto eindringlicher »warne« ich seitdem vor einem übermäßigen Stärke- und Zuckerkonsum. Anfänglich fällt vielen meiner Patienten die Umstellung schwer, besonders denjenigen, die gerne Brot, Kartoffeln und Nudeln essen. Doch bald merken selbst diese, dass weniger Zucker und Stärke zugunsten von mehr Fett und Eiweiß nicht nur lang anhaltend satt macht, sondern auch mit weniger Verlangen nach Süßem einhergeht.

Ein Mut machendes Beispiel

Und siehe da, das Erfolg versprechende Konzept zeigte in der Praxis seine Wirkung. Zum Beispiel bei meinem Patienten Michael. Als er das erste Mal bei mir war, wog er 155 Kilo. Er erzählte mir von seinen unzähligen Diäterfahrungen, die überwiegend auf Low-Fat-Methoden basierten: »Immer durfte ich nur dieses fettarme Zeug essen, dabei hat es mir doch oft gar nicht geschmeckt.« Mir war gleich klar, wieso er sein Gewicht langfristig nicht senken konnte: Keine Ernährung oder Diät, bei der das Essen nicht schmeckt, kann auf Dauer eine erfolgreiche Gewichtsreduktion erzielen. Außerdem steigt nach jeder kurzfristigen Reduktionsdiät das Gewicht wieder an, sobald man wieder »normal« isst. Meist sogar über das Ausgangsgewicht hinaus – das kennt jeder als sogenannten Jo-Jo-Effekt. Auch Michael hat diese Erfahrung immer wieder machen müssen. Nach jeder seiner Low-Fat-Diäten zeigte die Waage ein paar Pfunde mehr an und er brauchte noch weitere Hosen.

Darunter litt seine Motivation, und seine Frustration wuchs und wuchs. Ich berichtete Michael von den neuen Erkenntnissen und welche Erfahrungen man in den USA mit der Ernährung nach der LOGI-Pyramide gemacht hatte.

VORWORT VON
FRANCA MANGIAMELI

Da ihm die empfohlene Lebensmittelauswahl sehr zusagte, beschloss er, die Wirkung einer kohlenhydratreduzierten Kost zu testen. Um eine sichere Orientierung für seine neue Ernährung zu gewährleisten, entwickelte ich einen Ernährungsplan. Zunächst plante ich morgens, mittags und abends noch eine kleine Portion Getreide ein, um nicht zu radikal mit der gewohnten Ernährung zu brechen. Doch von Anfang an war meine Empfehlung, die Sättigungsbeilagen nach und nach vor allem beim Mittagessen durch Gemüse oder Salat zu ersetzen. »Ich verzichte gerne auf Kartoffeln, aber nicht auf mein Steak. Ich bin eben ein Fleischesser«, freute er sich.

Der neue Ernährungsplan kam ihm sehr entgegen und das gesunde Essen schmeckt ihm wieder. Seine Erfolge können sich sehen lassen. Seit neun Monaten isst er schon nach der LOGI-Methode, so lange hat er zuvor noch keine »Diät« durchgehalten. »Ich esse viel mehr Obst und Gemüse, achte auf eine gute Fettqualität, esse mit absolutem Genuss mein Steak und gönne mir sogar hin und wieder ein Glas Wein oder Bier. Damit habe ich jetzt 15 Kilo abgenommen!« Ein weiterer wichtiger Aspekt waren Michaels Blutwerte. Diese haben sich dank der kohlenhydratreduzierten Kost verbessert. Die Konzentration des guten Cholesterins (HDL) ist angestiegen, die des schlechten Cholesterins (LDL) ist gesunken. Theoretisch ist dieser Effekt zwar belegt, aber für mich war es dennoch überraschend, dass auch der Harnsäurewert trotz des Verzehrs von größeren Fleischmengen leicht gesunken ist.

Am Beispiel von Michael wird deutlich, wie wichtig es ist, die eigenen Bedürfnisse und Vorlieben gerade auch beim Essen zu berücksichtigen. Mag sein, dass er mit den Low-Fat-Diäten sein Gewicht zunächst reduzieren konnte. Aber lange hat er keine dieser Diäten durchgehalten. Jetzt, wo es ihm wieder schmeckt, isst er sich glücklich und mit Genuss satt und nimmt dabei sogar noch ab! Im Rahmen der Ernährungsberatung werde ich sehr häufig von Patienten nach kohlenhydratreduzierten Rezepten gefragt, die schmecken, in das LOGI-Konzept passen und einfach nachzukochen sind. Das brachte mich auf die Idee, ein Kochbuch mit vielen leckeren und abwechslungsreichen Rezepten zu entwickeln, die jedermann und bei jeder Gelegenheit nachkochen kann.

Das Highlight des Kochbuchs sind die vielen leckeren Rezepte verschiedener Sterne-Köche, wie Alfons Schuhbeck, Vincent Klink, Christian Henze, Ralph Zacherl und Andreas Gerlach. Ich bin sehr glücklich darüber, sie als Co-Autoren für mein Kochbuch gewonnen zu haben. Besonders spannend war es für mich, ihnen beim Nachkochen der Rezepte über die Schulter zu schauen. Dabei habe ich mir noch viele Tipps und Tricks beim Zubereiten der Speisen abgucken können. Besonders erstaunt war ich darüber, wie einfach viele ihrer Gerichte zuzubereiten sind, die auf dem Teller dann so viel hermachen und den Gaumen verwöhnen. Die Gerichte der Sterne-Köche sind mit wenig Aufwand nachzukochen!

Ich wünsche Ihnen viel Spaß beim Lesen, Nachkochen und Genießen!!

Ihre Franca Mangiameli

WARUM WIR
IMMER DICKER WERDEN

Warum wir immer dicker werden – ein kurzer Blick in die Vergangenheit. Vor vielen Tausend Jahren wurden die Grundlagen unseres Stoffwechsels angelegt: was uns gut bekommt und gesund hält und wie der Körper mit Energieüberschuss und Nahrungsmittelknappheit umgeht.

Es ist nun 50 Millionen Jahre her, da haben sich unsere ältesten Vorfahren noch von Insekten, Früchten und Blättern ernährt. Während der Eiszeit aßen sie dann überwiegend Fleisch, denn in der Kälte konnte nur wenig Pflanzliches gedeihen. Häufig herrschte Hungersnot vor, überleben konnte nur, wer etwas Speck auf den Rippen hatte. Fettpolster schafften Überlebensvorteile! Der Körper lernte, sparsam mit seinen Reserven umzugehen. Wenn es nichts zu essen gab, schaltete er einfach auf sein Öko-Programm um. Er senkte seinen täglichen Energiebedarf und legte die so eingesparte Energie in Form von Fett in den Körperfettdepots an, um möglichst lange davon zu zehren. Dieser Überlebensmechanismus ist bis heute fest in unseren Genen programmiert. Wie schreibt Nicolai Worm so schön, »wir leben mit unseren Steinzeit-Genen in einer High-Tech-Welt«. Doch bei unserem bequemen Lebensstil erweisen sich diese Schutzmechanismen nicht mehr als Überlebensvorteil, sondern vielmehr als lebensverkürzendes Erbe.

Und was kam damals auf den Teller? Unsere jagenden und sammelnden Vorfahren ernährten sich nach heutigen Erkenntnissen überwiegend von tierischer Nahrung, Pflanzliches spielte eine Nebenrolle.

Das Fleisch der Wildtiere war sehr mager, die Fettaufnahme war moderat und der Eiweißanteil relativ hoch. Die Qualität der Fette war sehr, sehr gut, denn das Fleisch lieferte überwiegend einfach und mehrfach ungesättigte Fettsäuren. Der Kohlenhydratanteil war gering. Beeren, Früchte, Wurzeln und die anderen verzehrten Pflanzenteile enthalten kaum Stärke oder Zucker, dafür sind sie ballaststoff- und vitaminreich. War diese Ernährung der Grund dafür, dass die Steinzeitmenschen weder chronische Erkrankungen noch Übergewicht kannten?

Sie nahmen pro Tag im Schnitt 40–50 Energieprozent Fett, etwa 30 Energieprozent Eiweiß und 20 bis maximal 30 Energieprozent Kohlenhydrate auf.

Heute wird eine Nährstoffzusammensetzung von 55 Energieprozent Kohlenhydrate, maximal 30 Energieprozent Fett und nur 15 Energieprozent Eiweiß empfohlen. Das würde Zivilisationsleiden wie Diabetes mellitus Typ 2 oder Übergewicht vorbeugen. Der Irrglaube hat sich durchgesetzt, dass Fette allein die Übeltäter für diese Volkskrankheiten sind. Doch mal ehrlich, was haben diese Empfehlungen gebracht? Nichts! Die Menschen sind weder schlanker noch gesünder geworden. In Deutschland haben rund 60 Prozent der Menschen zu viel Speck auf den Rippen. Etwa acht Millionen sind von Diabetes mellitus Typ 2 betroffen. Solche Entwicklungen finden sich nur in Industrieländern. Bei Naturvölkern sind solche Wohlstandskrankheiten unbekannt. Unser moderner Lebensstil verträgt sich nicht mit unseren altmodischen Genen!

Und nicht nur wegen der schlechteren Qualität unserer Nahrung. Unser Alltag wird von Stress und Hektik bestimmt, meist fällt sogar das Essen dem Wettlauf mit der Uhr zum Opfer.

Jeder kennt solche oder ähnliche Situationen: Sie haben einen stressigen Job, sitzen zum Beispiel den ganzen Tag vor dem PC, und an eine längere Mittagspause ist oft nicht zu denken. Darum holen Sie sich schon morgens auf dem Weg ins Büro zwei belegte Brötchen beim Bäcker – Ihr Mittagessen. Diese essen Sie, während Sie am PC arbeiten, einfach nebenbei – Ihre Konzentration gilt dabei voll und ganz Ihrer Arbeit. Sie verschlingen also das erste Brötchen und greifen völlig automatisch zum zweiten, essen es wiederum völlig teilnahmslos. Würde man Ihnen noch ein drittes Brötchen hinlegen, würden Sie es wahrscheinlich auch noch verzehren, ohne weiter darüber nachzudenken, ob Sie eigentlich noch hungrig sind. Sogar Kindern, die eigentlich noch über ausgeprägte Instinkte verfügen, geht es manchmal ähnlich! Während sie vor der Flimmerkiste sitzen, reißen sie sich eine Tüte Chips auf und legen diese erst zur Seite, wenn sie leer ist. Ihre Verwunderung zeigt sich dann in den fassungslosen Blicken: »Wie, schon leer?«

Solche typischen Alltagssituationen haben unliebsame Folgen: Wir essen mehr, vor allem mehr Kohlenhydrate. Denn diese sind in schnellen Snacks reichlich enthalten.

Aber ganz ehrlich, wir (ver-)brauchen diese ganzen Kohlenhydrate nicht! Kaum einer arbeitet körperlich so hart, dass schnelle Energielieferanten erforderlich sind. Nicht einmal die Kinder verausgaben sich beim Spielen und Toben körperlich. Statt nebenbei zu essen, sollten wir die Mahlzeiten wieder genießen, im Kreis der Familie zelebrieren!

Gemein: Abnehmen ist nicht vorgesehen. Und der Mangel an Bewegung macht die Situation noch auswegloser, ein Teufelskreis!

Die Nachteile unseres altgedienten Stoffwechselsystems kommen beim Abspecken besonders zum Tragen. Wer sich kasteit und einfach nichts oder nur wenig isst, muss mit den Konsequenzen leben: Der Körper arbeitet sparsamer und bunkert Kalorien in Form von Fett – für Notzeiten. So verlangsamt jede Reduktionsdiät unseren Stoffwechsel. Infolgedessen müssen Diätgestörte nach jeder Reduktionsdiät weniger essen, um ihr Gewicht halten zu können. Abnehmen werden sie dabei kein Gramm, im Gegenteil, nur eine Scheibe Brot zu viel und sie nehmen eher zu. Die Menschen werden durchs Abnehmen immer dicker.

Die Lösung scheint einfach und ist zum Greifen nahe: »artgerechte« Ernährung und eine Steigerung der körperlichen Aktivität. Diese Erkenntnis ist nun wirklich nicht neu. Doch die Umsetzung in die Realität fällt vielen so schwer. Statt Fettpolstern durch schweißtreibende Übungen den Garaus zu machen, lässt man diese beim Schönheitschirurgen einfach absaugen. Doch die beste Fettabsaugung nützt nichts, wenn die alten Lebensgewohnheiten beibehalten werden. Der Körper setzt dann zwar in der Tat keinen Speck mehr an den Hüften an – dafür aber am Bauch. Und das Bauchfett ist für die Gesundheit noch viel bedrohlicher! Es erhöht das Risiko für Diabetes mellitus Typ 2 und Herz-Kreislauf-Erkrankungen. Der Trend, sich Schlankheit zu erkaufen, ist nicht die Lösung für ein langfristig gesundes und schlankes Leben! Deswegen LOGI. Wer also wirklich etwas für sich und seine Gesundheit tun möchte, sollte seine Lebensweise den Wünschen der Gene anpassen. Hierzu zählen Bewegung und eine LOGIsch-gesunde Ernährung.

WARUM WIR
IMMER DICKER WERDEN

Was ist LOGI? LOGI ist eine moderne kohlenhydratreduzierte Ernährungsform (Low-Carb) und steht für »Low Glycemic and Insulinemic Diet«, zu Deutsch: Eine Ernährungsform zur Förderung niedriger Blutzucker- und Insulinwerte. Und genau darum geht es, wenn man sich von seinen lästigen Pfunden verabschieden möchte. LOGI als »sanfte« Low-Carb-Ernährung ist kein Trend, sondern eine Ernährung, die schon Millionen von Jahren alt ist und an die unsere Gene bis heute noch perfekt angepasst sind. LOGI ist auch keine Diät, sondern eine Lebenseinstellung.

Fettarm ist zwar modern, aber Schnee von gestern. Heute ist Low-Carb à la LOGI angesagt!

Haben Sie gestern noch die Butter auf Ihr Brot gekratzt? Haben Sie Gemüse und Fisch in Brühe gedünstet? Haben Sie viel Geld für fettreduzierte Produkte ausgegeben? Und das alles, um vor allem Fett und damit Kalorien zu sparen? Vergessen Sie Low-Fat. Mit LOGI ist das Schnee von gestern:

LOGI erlaubt großzügigen Umgang mit Fett: Das schmeckt!

LOGI liefert viel Wasser, Ballaststoffe und Eiweiß: Das macht satt!

LOGI kommt ohne Kalorienzählen aus: Das ist einfach!

LOGI reduziert Kohlenhydrate: Weniger ist mehr für Ihre Figur!

LOGI funktioniert: Sie nehmen ab, ohne zu hungern.

LOGI ist wissenschaftlich fundiert und gesund: Das bestätigen nationale und internationale Studien.

Egal, ob Sie abnehmen, Ihren Fett- oder Zuckerstoffwechsel verbessern oder sich einfach nur gesünder ernähren wollen: LOGI ist die Ernährungsform für jedermann!

Dr. Nicolai Worm widmete sich nach dem Studium der Oecotrophologie in München und Gießen schwerpunktmäßig dem Bereich »Ernährung und Herzinfarkt«. Durch seine kritische Position in der Cholesterin- und Fettdiskussion und durch seine Lehrtätigkeit im Bereich Sporternährung machte er sich schon bald einen Namen in der Fachwelt. Nicolai Worm ist der Begründer der LOGI-Ernährung in Deutschland. Behutsam und mit viel Sachkenntnis passte er die revolutionäre LOGI-Pyramide und die zugrunde liegenden Forschungsergebnisse der Harvard University in Boston an die Ernährungssituation in Europa an.

INTERVIEW
MIT DR. NICOLAI WORM

Franca Mangiameli: In Ihrem Buch »Diätlos glücklich« vermittelten Sie den Lesern noch, dass Sie bisher keinen wissenschaftlich gesicherten Weg für eine dauerhaft erfolgreiche Gewichtsreduktion finden konnten. Ist die LOGI-Methode endlich die Lösung für ein gesünderes, schlankeres Leben?

Nicolai Worm: Eindeutig ja! Ich hatte es selbst nicht für möglich gehalten, dass ich mein Gewichtsproblem tatsächlich noch einmal in den Griff bekommen würde – noch dazu ohne zu hungern. Inzwischen weiß ich, dass es nicht nur mir so erging. Ich habe in den letzten Jahren Tausende von E-Mails und Briefen von LOGI-Anwendern erhalten, die gleiche oder ähnliche Erfahrungen

gemacht haben und sich bei mir bedankten: für ein LOGI-Konzept, nach dem man mit viel Genuss und gesundheitlichen Verbesserungen abnimmt.

F.M.: Wie haben Sie LOGI entdeckt?

N.W.: Ich habe in den Jahren 1999 und 2000 Unmengen von wissenschaftlichen Arbeiten zum Thema Übergewicht und Stoffwechselerkrankungen kritisch studiert. Aus den damals vorliegenden Studienergebnissen habe ich dann eine Reihe von Ernährungsempfehlungen abgeleitet (siehe in »Syndrom X oder Ein Mammut auf den Teller!«). Kurz darauf fand ich in einer aktuellen Veröffentlichung der Harvard-Universität die

Darstellung einer neuen Ernährungspyramide. Diese neue LOGI-Pyramide ist speziell für die Bedürfnisse Übergewichtiger mit Stoffwechselstörungen entwickelt worden.

Bei näherer Betrachtung fiel mir auf, dass sie meine eigenen Empfehlungen im Syndrom X grafisch widerspiegelt. Deswegen habe ich sofort Kontakt zum Autor Prof. David Ludwig aufgenommen, und er war einverstanden, dass ich diese Pyramide unter Angabe der Quelle ebenfalls verwende.

Da diese Pyramide allein für viele Menschen nicht ausreicht, um die Empfehlungen erfolgreich in die Praxis umzusetzen, habe ich ein weiteres Buch geschrieben: Die LOGI-Methode – glücklich und schlank. Ein praxisorientiertes Buch mit allen wesentlichen Informationen, mit differenzierten Empfehlungen, konkreten Tipps für die Ernährung im Alltag und Rezepten.

F. M.: Können Sie vielleicht ganz kurz zusammenfassen, auf welchem Prinzip LOGI basiert, und warum diese Methode so erfolgreich ist?

N. W.: Charakteristisch für die LOGI-Methode ist zum einen die Bevorzugung von Lebensmitteln mit niedrigem glykämischem Index. LOGI fordert darüber hinaus auch eine deutliche Senkung der Kohlenhydrataufnahme. Was allerdings nicht bedeutet, dass man vollständig auf Kohlenhydrate verzichten sollte. LOGI ist sozusagen eine sanfte Low-Carb-Ernährung! Das Gute daran: Der Blutzuckerspiegel bleibt relativ stabil, größere Blutzuckerschwankungen oder gar gefürchtete Blutzuckerspitzen werden durch diese Ernährung vermieden. Und ein solcher Blutzuckerverlauf zieht eine bessere Sättigung nach sich und bringt zudem viele gesundheitliche Vorteile mit sich. Zum Beispiel werden die Blutfettwerte besonders effektiv gesenkt und der Bildung von Fettdepots wird wirkungsvoll vorgebeugt.

F. M.: Warum sind Kohlenhydrate bei dem heutigen Lebenstil so schädlich?

N. W.: Solange wir unsere Muskeln regelmäßig und intensiv aktivieren, werden die Kohlenhydratspeicher auch immer wieder entleert. Das ist eine Voraussetzung, dass Kohlenhydrate aus der Nahrung wieder in die Speicher passen. Bleiben die Speicher voll, muss der Körper aus dem Kohlenhydraten Fett machen und einspeichern. Geringe Muskelaktivität und Verfettung der Zellen bedingt weiterhin eine Störung namens Insulinresistenz. Da wird das Insulinsignal von Zellen nicht mehr ausreichend wahrgenommen. Die Folge ist, dass das Hirn der Bauchspeicheldrüse befiehlt, mehr Insulin zu produzieren. Das Übermaß an Insulin aktiviert aber Gene in der Leber, die dort aus Kohlenhydraten Fett machen. Die mit der Zeit immer stärker verfettete Leber kann ihre wichtigen Stoffwechselaufgaben nicht mehr erfüllen. Damit rutscht man langsam in den Typ-2-Diabetes und es kommt zu erhöhten Blutfettwerten, was wiederum das Risiko für Herz-Kreislauf-Erkrankungen erhöht. Die mit Kohlenhydraten »gestopfte« Fettleber ist die neue Volkskrankheit!

F. M.: Wie in »Diätlos glücklich« zu lesen ist, hatten Sie als Kind selbst Gewichtsprobleme. Was haben Sie alles probiert, um Ihr Gewicht zu reduzieren? Und welche Rolle spielt LOGI dabei?

N. W.: Eigentlich habe ich die typische Karriere eines essgestörten jungen Mannes hinter mir: Es ging mit Abführmitteln los, dann kamen die Appetitzügler dazu und schließlich auch noch Fress-Brech-Anfälle. Und dennoch bin ich immer dicker geworden. Es war einfach schrecklich.

F. M.: Wie viel haben Sie durch LOGI abgenommen?

INTERVIEW
MIT DR. NICOLAI WORM

N. W.: Ich habe ganz ehrlich keine Ahnung. Ich stelle mich schon seit vielen Jahren auf keine Waage mehr. Inzwischen bedauere ich das, weil ich so gar keine Vorstellung habe, wie viele Kilos es gewesen sein könnten. Ich weiß nur, dass meine Lieblingsanzüge, die ich vor einem Jahr bereits zum zweiten Mal enger machen ließ, schon wieder zu weit geworden sind ...

F. M.: Die LOGI-Methode empfiehlt, den Kohlenhydratverzehr einzuschränken, das führt unweigerlich zum Vergleich mit der Atkins-Diät. Diese in den 70er-Jahren entwickelte Diät basiert auf der Ansicht, dass Kohlenhydrate dick machen. Atkins strich die Kohlenhydrate deswegen von der Speisekarte. Stattdessen erlaubte er, nach Belieben fettreiche Nahrungsmittel zu essen. Kritiker bemängeln die Einseitigkeit dieser traditionellen Atkins-Diät, und dass dabei zu wenige Ballaststoffe zugeführt werden. Gilt dasselbe nicht auch für die LOGI-Methode?

N. W.: Die LOGI-Methode ist besser und sicherer als diese Atkins-Diät! Sie umfasst die Vorzüge von Atkins, meidet aber deren Risiken und Beschränkungen! Die LOGI-Methode erlaubt im Gegensatz zu Atkins auch fünf Portionen Gemüse und zuckerarmes Obst pro Tag. Ja, selbst Vollkornprodukte oder Pasta aus Hartweizengrieß werden in geringen Mengen empfohlen. LOGI kommt im Gegensatz zu Atkins ohne Verbote aus. Die weit höhere Liberalität und Flexibilität fördert die Lebensqualität. Und darüber hinaus gewährleistet sie die adäquate Versorgung mit Vitaminen, Mineralien, Ballaststoffen und Basenbildnern. Diese Aspekte werden bei der Atkins-Diät mit Recht sehr kritisch bewertet.

Und LOGI legt im Gegensatz zur Atkins-Diät auch einen großen Wert auf eine optimierte Fettqualität, um die Herz-Kreislauf-Gesundheit langfristig optimal zu fördern. Sie empfiehlt, den Fettbedarf primär durch Konsum von Ölen mit hohem Anteil an einfach ungesättigten Fettsäuren zu decken und auf eine erhöhte Zufuhr von Omega-3-Fettsäuren zu achten. Deswegen ist LOGI auch keine kurzfristig angelegte Diät, sondern eine gesunde, »artgerechte« Dauerernährung.

F. M.: Auch die scheinbare Ähnlichkeit der LOGI-Methode und der GLYX-Diät führt immer wieder zu Verwirrung. Unterscheiden sich die Empfehlungen? Und wenn ja, wie grenzen sich diese beiden Ernährungsweisen voneinander ab?

N. W.: Die LOGI-Methode ist eine kohlenhydratreduzierte Ernährungsweise und unterscheidet sich damit deutlich von der GLYX-Diät – und ebenfalls von der Montignac-Methode. Denn diese beiden Kostformen propagieren im Prinzip kohlenhydratreiche Kostformen. Allerdings stellen sie dabei die Kohlenhydratqualität im Sinne der Blutzucker- und Insulinreaktion in den Mittelpunkt des Interesses! Damit vermitteln sie längst überholtes Wissen.

Schon seit Jahren ist wissenschaftlich belegt, dass der GLYX, eine populäre Abkürzung für »glykämischer Index«, nur die halbe Wahrheit darstellt. Denn neben der Qualität kommt es vielmehr auch auf die Quantität der Kohlenhydrate an! Also auf die glykämische Last der über den Tag verzehrten Kohlenhydrate. Für bestmögliche Stoffwechseleffekte und eine erfolgreiche Gewichtskontrolle sollte die Zufuhr von

Kohlenhydraten insgesamt gesenkt werden. Deshalb ist es nachweislich falsch, solche Lebensmittel mit mittlerem GLYX, wie Vollkornbrot, braunen Reis oder italienische Pasta, als Fatburner zu bezeichnen. Denn viel Vollkornbrot liefert im Endeffekt auch viel Stärke! Deren Verzehr verursacht die Ausschüttung von reichlich Insulin – unserem »Masthormon«. Deswegen muss auch der Konsum dieser Stärkequellen gesenkt werden, um die Ziele optimal zu erreichen.

F. M.: Verzichten Sie denn komplett auf Kartoffeln, Nudeln und Brot?

N. W.: Nein! Ich verzichte grundsätzlich auf gar keine Lebensmittel. Doch seit meiner Ernährungsumstellung im Sinne von LOGI habe ich immer seltener Appetit auf kohlenhydratreiche Nahrungsmittel. Oft sind diese Lebensmittel ja auch nicht gerade von besonderer Qualität oder intensivem Geschmack. Doch ein echtes, verführerisches Vollkornbrot oder kross gebackene Ofenkartoffeln in Olivenöl und Rosmarin können mich schon verlocken. Ich genieße dann auch eine kleine Portion davon.

F. M.: Die LOGI-Pyramide stellt die bisherigen, etablierten Empfehlungen quasi auf den Kopf. Fällt es Ihnen schwer, das zu rechtfertigen?

N. W.: Die Ernährungsempfehlungen, die Fachgesellschaften wie die Deutsche Gesellschaft für Ernährung (DGE) seit Jahrzehnten fast unverändert verbreiten, waren in Expertenkreisen immer schon umstritten. Inzwischen wissen wir: Während der Fettanteil in der Kost wie empfohlen von den Verbrauchern reduziert wurde, hat sich die Kalorienaufnahme sogar deutlich erhöht.

Statt Fett, das eher sättigt und befriedigt, haben sie vermehrt zucker- und stärkereiche Nahrung konsumiert. Das sind häufig Hungermacher. So erreichte man immer mehr Kalorien und weil sie sich nicht gleichzeitig auch mehr bewegt haben, wurden sie immer dicker.

Andererseits zeigen nunmehr über 20 kontrollierte Diätstudien, dass man mit kohlenhydratreduzierten Diäten zunächst deutlich besser abnimmt als mit den lange Zeit favorisierten fettarmen, kohlenhydratbetonten Diäten und dies auch im Trend über längere Zeit besser aufrechterhalten kann. Überdies bewirken kohlenhydratreduzierte Diäten mindestens so günstige Stoffwechselverbesserungen, zum Teil aber bessere und das böse LDL-Cholesterin erhöht sich entgegen häufig verbreitetem Vorurteil nicht.

Langsam setzen sich selbst bei den konservativ agierenden Fachgesellschaften diese Erkenntnisse durch und seit 2013/2014 sind auch in Deutschland kohlenhydratreduzierte Diäten als therapeutische Option bei Übergewicht und Typ-2-Diabetes in den Leitlinien empfohlen.

F. M.: Der Erfolg der LOGI-Pyramide ist also wissenschaftlich bewiesen?

N. W.: Ja! In Dutzenden von Stoffwechselstudien haben sich sämtliche Teilaspekte der Ernährung nach der LOGI-Pyramide als effektiv wirksam erwiesen. Und in epide-

INTERVIEW
MIT DR. NICOLAI WORM

miologischen Studien hat sich die Relevanz der Ernährungsumstellung für die Gesundheit untermauern lassen. Die LOGI-Methode als definierte Einheit wurde bereits vor einigen Jahren – erstmalig in der Adipositas-Ambulanz der Harvard-Universitätsklinik – mit überwältigendem Erfolg eingesetzt. In Deutschland haben die ersten REHA-Kliniken (siehe Interview mit Dr. Heilmeyer, Seite 28 ff.) ihre Speisepläne nach der LOGI-Pyramide umgestellt. Mit beachtlichen Resultaten!

F.M.: Bei allen gesundheitlichen Vorteilen – bietet die LOGI-Methode denn auch lustvollen Genuss?

N.W.: Aber natürlich! Sie kennt keine Verbote, nur eine Gewichtung von Lebensmittelgruppen. Die beiden unteren Stufen der LOGI-Pyramide mit den Lebensmitteln, die bevorzugt verzehrt werden sollen, sind wie geschaffen dafür, die riesige Palette an mediterranen Gerichten ohne Einschränkungen zu genießen: Obst, Beeren, Gemüse, Salate, Avocados, Nüsse, Öle, Hülsenfrüchte, Fleisch, Geflügel, Eier, Fisch und Meeresfrüchte. Nur die Portionen stärkereicher Sättigungsbeilagen sollten entsprechend kleiner ausfallen. Deshalb kann man die LOGI-Methode auch als »modifizierte mediterrane Ernährung« bezeichnen.

F.M.: Apropos mediterran: Sind denn in den Mittelmeerländern, zum Beispiel in Italien, wo Pasta und Pizza Nationalgerichte sind, nicht noch mehr Übergewichtige und Diabetiker zu finden?

N.W.: Bis vor einigen Jahren war der Lebensstil in vielen südeuropäischen Gebieten noch von Armut und landwirtschaftlicher Arbeit mit relativ hohem körperlichem Einsatz geprägt. Es gab nicht immer reichlich zu essen, und außerdem wurden die Kalorien wieder abgearbeitet. Doch mittlerweile haben auch diese Gebiete den Lebensstandard anderer westeuropäischer Länder

erreicht. Sie bewegen sich auch nicht mehr so viel wie früher, essen aber weiterhin Pasta, Polenta und Pizza. Mit offensichtlichen Folgen: Seitdem verbreitet sich auch in diesen Ländern Übergewicht wie eine Epidemie – besonders krass bei Kindern und Jugendlichen.

F.M.: Wie lange wird es dauern, bis sich Erfolge einstellen, wenn ein übergewichtiger Mensch sich für die LOGI-Methode entscheidet, um abzunehmen?

N.W.: Ich kann leider keine pauschalen Aussagen dazu machen. Die Reaktionen sind zu sehr von den individuellen Voraussetzungen abhängig. Aber mit LOGI nimmt niemand rasend schnell ab. Denn ein wichtiges Prinzip ist es, die Kalorienzufuhr nicht strikt zu begrenzen und immer zu essen, wenn man Hunger hat. So nimmt man zwar etwas langsamer ab, aber dafür kommen keine Hungerqualen auf. Die Kostumstellung fällt überhaupt nicht schwer, und man muss den Jo-Jo-Effekt nicht fürchten. Nach meiner Erfahrung muss spätestens nach sechs Monaten der Änderungsschneider ran beziehungsweise ist dann der Kauf neuer Kleidungsstücke nötig.

F.M.: Ist die LOGI-Methode die Geheimwaffe für jedermann? Oder würden Sie von Fall zu Fall eine andere Lebensmittel-Gewichtung empfehlen?

N.W.: Jeder kann mit LOGI gut und bedenkenlos leben. Als einzige Ausnahme könnte man Leistungssportler bestimmter Sportarten, Triathleten, Biathleten, Marathonläufer und andere Ausdauersportler, betrachten, die besonders viele Kohlenhydrate benötigen. Und Nierenkranke sollten in jedem Fall auf einen angepassten Eiweißanteil achten und diesen gut kontrollieren.

LOGI auf einen Blick.

Die LOGI-Pyramide nach Dr. Nicolai Worm. Überarbeitete Fassung 2009/08.

Letzte Stufe: Selten verzehren!

Getreideprodukte aus raffiniertem Mehl (Weißmehl) wie Weißbrot und -brötchen, geschälter Reis, Süßwaren und gesüßte Erfrischungsgetränke lassen den Blutzuckerspiegel am stärksten Achterbahn fahren. Das fördert den Hunger auf weitere Kohlenhydrate. Deswegen sollten die Produkte dieser Lebensmittelgruppe nur selten verzehrt werden.

Dritte Stufe: In Maßen genießen!

Vollkornprodukte, Nudeln, brauner Reis, Mais und Kartoffeln sollten nur in Maßen verzehrt werden. Die absolute Menge ist von verschiedenen Faktoren abhängig. Verzehr nach der Faustregel: Je dicker der Bauch und je geringer die sportliche Aktivität, desto weniger Kohlenhydrate sollten auf dem Teller landen.

Zweite Stufe: Täglich zu jeder Mahlzeit verzehren!

Oft hört man Vorurteile, dass bei LOGI täglich Fleisch empfohlen wird. Das ist nicht ganz richtig – die Abwechslung der Eiweißquellen ist sogar von Vorteil. Neben Fleisch gehören Eiweißlieferanten wie Fisch, Meerestiere, Milch und Milchprodukte, Hülsenfrüchte, Nüsse, Käse und Eier regelmäßig auf den LOGIschen Speiseplan. Zum Beispiel pro Woche drei- bis viermal Fleisch und zwei- bis dreimal Fisch. Täglich zwei bis drei Portionen Milch und Milchprodukte sowie regelmäßig Hülsenfrüchte und Eier.

Basis: Täglich reichlich zu jeder Mahlzeit verzehren!

Zwei Portionen zuckerarmes Obst wie Beeren und drei Portionen stärkefreies Gemüse und Salate lautet die Empfehlung für diese Lebensmittelgruppe. Hochwertige Öle wie Olivenöl, Rapsöl und Butter sollten großzügig in die Mahlzeiten integriert werden.

DIE LOGI-METHODE
AUF EINEN BLICK

Was LOGI so logisch macht!

Die Ernährung nach der LOGI-Pyramide entspricht wohl weitgehend einer artgerechten Ernährung, die schon immer eher »Low-Carb«, also kohlenhydratarm, war und größere Portionen Eiweiß und Fett als die heute empfohlenen Mengen lieferte. Bei LOGI steht die Wirkung der Lebensmittel auf den Blutzucker im Vordergrund. Lebensmittel, die den Blutzucker nach dem Essen in die Höhe schießen lassen, werden bestenfalls in kleinen Mengen empfohlen. Andere Nahrungsmittel, die den Blutzucker nur langsam erhöhen, sind erlaubt. Ob ein Nahrungsmittel den Blutzucker schnell oder langsam ansteigen lässt, gibt der glykämische Index eines Lebensmittels wieder.

Der glykämische Index (GI), im Sprachgebrauch auch als GLYX bekannt, besagt, wie schnell die Kohlenhydrate eines Lebensmittels den Blutzuckerspiegel nach ihrem Verzehr erhöhen.

Kategorisierung des GI

Bis 55 = niedriger GI – Lebensmittel mit einem niedrigen glykämischen Index erhöhen den Blutzucker nur langsam.

56–69 = mittlerer GI – Lebensmittel mit einem mittleren glykämischen Index lassen den Blutzucker etwas schneller ansteigen.

70 oder mehr = hoher GI – Lebensmittel mit einem hohen glykämischen Index erhöhen den Blutzucker sehr schnell.

Der glykämische Index eines Lebensmittels ist keine starre Größe, er wird von verschiedenen Faktoren beeinflusst. Zum Beispiel haben Spaghetti einen niedrigen GI von 38, wenn sie nur 5 Minuten gekocht werden. Bei längerer Garzeit von etwa 20 Minuten weisen sie einen ungünstigeren, mittleren GI von rund 61 auf. Das liegt daran, dass die Stärke während des Kochens immer weiter aufgeschlossen wird: je weiter, desto schneller wandern ihre Grundbausteine, Glukose, nach dem Essen ins Blut.

Neben der Garzeit und der Zubereitungsart beeinflusst auch der Ballaststoffgehalt eines Lebensmittels, genauer gesagt einer Mahlzeit, den GI. Vollkornspaghetti enthalten beispielsweise mehr Ballaststoffe als »weiße« Spaghetti und somit auch einen niedrigeren GI, weil die Ballaststoffe die Magenentleerung und damit auch den Blutzuckeranstieg verzögern. Neben Ballaststoffen verzögert auch ein hoher Fettgehalt die Magenentleerung. Entrahmter Fruchtjoghurt hat deswegen einen höheren GI als fettarmer Fruchtjoghurt! Viele weitere Beispiele finden Sie in der Übersicht auf Seite 22. Der glykämische Index ist nur ein Aspekt bei LOGI. Denn als alleiniger Maßstab zur Bewertung eines Lebensmittels hinsichtlich seiner Blutzuckerwirkung reicht er nicht aus. Erst seine bessere Hälfte, die glykämische Last (GL), kann seine Aussagekraft vollenden.

Die GL berücksichtigt neben dem GI auch den Kohlenhydratgehalt eines Lebensmittels – und davon ist letztendlich die erforderliche Insulinmenge zur Senkung des Blutzuckers abhängig! Bevor ich an dieser Stelle weiter auf den GL eingehe, möchte ich Ihnen zum besseren Verständnis einen kurzen Einblick in den Insulinstoffwechsel geben.

WAS DIE LOGI-METHODE
SO LOGISCH MACHT

Insulin ist ein fettspeicherndes Hormon. Es wird in der Bauchspeicheldrüse gebildet. Eine seiner wichtigsten Aufgaben ist die Senkung des Blutzuckers nach dem Verzehr einer Kohlenhydratmahlzeit. Somit kommt dem Insulin eine gesundheitsschützende Funktion zu, denn hohe Blutzuckerwerte zerstören auf Dauer unsere Gefäße. Wenn wir zu viele Kohlenhydrate essen, vor allem die aus Weißbrot, Kartoffeln, Nudeln, Chips, Fertiggerichten und anderen Produkten, die schnell ins Blut schießen, muss unsere Bauchspeicheldrüse sehr viel Insulin produzieren, um den Blutzucker wieder zu senken. Muss sie das tagtäglich und immer wieder praktizieren, führt das zu chronisch erhöhten Insulinspiegeln – und diese sind weder für die Gesundheit noch für die Figur gut.

Insulin wird zur tickenden Zeitbombe. Denn Insulin hemmt den Fettabbau in der Muskulatur und fördert die Fettspeicherung im Fettgewebe. Bei chronisch erhöhtem Insulinspiegel kann es zu einer Art »Schwächung« dieses Hormons kommen und es kann seine Aufgabe nicht mehr funktionsgerecht erfüllen: Es senkt den Blutzucker nicht mehr wie erforderlich. Ein ununterbrochen hoher Blutzuckerspiegel veranlasst die Bauchspeicheldrüse zur weiteren Insulinproduktion. Doch auch die Bauchspeicheldrüse stößt irgendwann an ihre Leistungsgrenze und fährt die Insulinproduktion einfach zurück. Infolgedessen bleibt der Blutzuckerspiegel ständig erhöht, die Zellen reagieren nicht mehr so sensibel auf das Insulin (Insulinresistenz) und es entwickelt sich Diabetes mellitus Typ 2. Wie viel Insulin ausgeschüttet wird, ist letztendlich vom Kohlenhydratgehalt der verzehrten Mahlzeit und von der Sensibilität der Zellen gegenüber dem Insulinsignal abhängig. Die LOGI-Methode berücksichtigt deswegen ergänzend zum glykämischen Index auch die glykämische Last bei der Bewertung der Blutzuckerwirkung eines Lebensmittels. Das macht das LOGI-Konzept rund und in sich logisch!

Glykämischer Index (GI), glykämische Last (GL) und Kohlenhydratgehalt/Portion

Lebensmittel	Portions-größe in g	KH pro Portion in g	GI	GL pro Portion
Getreide				
Baguette	30	15	95	14
Pumpernickel	40	16	56	8
Weißbrot	30	14	70	10
Brauner Reis	180	40	55	22
Weißer Reis	180	43	64	28
Cornflakes	30	26	81	21
Spaghetti				
5 Min. gekocht	200	53	38	20
20 Min. gekocht	200	49	61	30
Vollkornspaghetti	200	47	37	17
Obst				
Ananas	125	14	59	8
Apfel	125	16	38	6
Erdbeeren	125	3	40	1
Wassermelone	125	6	72	5
Weintrauben, hell	125	19	46	9
Gemüse				
Möhren	150	11	47	5
Kohlrüben	150	10	72	7
Kürbis	150	8	75	6
Rote Bete	150	13	64	8
Hülsenfrüchte				
Weiße Bohnen, gegart	150	31	38	12
Kichererbsen, gegart	150	30	28	8
Linsen, gegart	150	18	29	5
Milch und Milchprodukte				
Fruchtjoghurt, 0,1%-0,3% Fett, mit Süßstoff	150	11	24	3
Fruchtjoghurt, 0,1%-0,3% Fett, gezuckert	150	23	40	9
Fruchtjoghurt, 1,5% Fett, mit Süßstoff	150	10	14	11
Fruchtjoghurt, 1,5% Fett, gezuckert	150	23	33	8
Vollmilch	150	7	27	2
Knabbereien				
Popcorn	50	28	72	20
Müsliriegel	25	18	61	11
Waffeln	50	19	76	14
Süßungsmittel				
Agavendicksaft	20	16	11	2
Traubenzucker	5	5	99	5
Haushaltszucker	5	5	68	3

Hinweis: In älteren Tabellen werden auch gekochte Möhren noch mit einem hohen GI angegeben. Doch dabei handelte es sich um einen Messfehler, der mittlerweile korrigiert wurde.

LOGI UND
DIE GLYX-IRRTÜMER

LOGI ist Low-Carb und nicht No-Carb!

»Ich darf jetzt kein Brot mehr essen?« Eine typische, mit Panik behaftete Frage, die mir in der Ernährungsberatung immer wieder von meinen Patienten gestellt wird. Die Panik ist aber völlig unbegründet. Bei LOGI gibt es nämlich keine strikten Verbote. Wer sich nach LOGI ernähren möchte, sollte zwar die glykämische Last im Auge behalten, das heißt aber nicht, dass Kohlenhydrate komplett aus dem Speiseplan verbannt werden müssen. LOGI ist eine kohlenhydratreduzierte Ernährungsform, eben »Low-Carb« und nicht »No-Carb«. Die Academy of Nutrition and Dietetics setzt die oberste Grenze für Low-Carb-Ernährungs- formen sogar bei 130 Gramm Kohlenhydrate am Tag fest. Somit ist das klassische Abendbrot mit 1–2 Scheiben Brot oder Müsli zum Frühstück immer noch im Sinne von LOGI.

Wie viele Kohlenhydrate für Sie optimal sind, hängt maßgeblich von Ihrem persönlichen Ziel ab.

Meine Erfahrungswerte zeigen, dass:

...zum Abnehmen 80 Gramm Kohlenhydrate unproblematisch sind.

...für eine gesunde Ernährung und zum Gewichthalten 100–130 Gramm Kohlen- hydrate bedenkenlos sind.

...für Sportler 20–30 Prozent der Energiezufuhr aus Kohlenhydrate zugeführt wer- den dürfen. Das sind bei 3.000 Kalorien etwa 180 Gramm Kohlenhydrate pro Tag.

Grundsätzlich gilt: Je mehr Sie sich bewegen, desto besser, das heißt mit weniger Insulin, können Sie Kohlenhydrate verwerten.

Mahlzeit	Abnehmen 1.600 kcal/Tag ca. 80 g/KH/Tag (= 20 Prozent) GL = <30	Gesunde Ernährung, Gewichthalten 2.000 kcal/Tag 110 g/KH/Tag (= 22 Prozent) GL= <60	Sportler 3.000 kcal/Tag 180 g/KH/Tag (=25 Prozent) GL= <110
Frühstück	250 g Vollfettjoghurt + 150 g Erdbeeren + 20 g Walnüsse	300 g Vollfettjoghurt + 200 g Erdbeeren + 30 g Walnüsse + 20 g Mandelmus	350 g Quark (Fettstufe) + 200 g Obst + 25 g Walnüsse + 20 g Haferflocken
Zwischendurch	—	—	25 g Nüsse
Mittagessen	200 g gebratene Putenbrust oder Zander + 300 g gebratenes mediterranes Gemüse	250 g gebratene Putenbrust oder Zander + 350 g gebratenes mediterranes Gemüse + 200 g Salzkartoffeln	250 g gebratene Putenbrust oder Zander + 400 g gebratenes mediterranes Gemüse + 200 g Salzkartoffeln
Zwischendurch	1 Cappuccino	1 Milchkaffee	Vor dem Training: 30 g Eiweißriegel Nach dem Training: 1 Eiweißshake (ca. 500 ml)
Abendessen	Tomatenrührei aus 3 Eiern und 200 g Tomaten + 20 g Butter + 2 Scheiben (à 45 g) Vollkornbrot	Tomatenrührei aus 3 Eiern und 200 g Tomaten + 20 g Butter + 2 Scheiben (à 50 g) Vollkornbrot	Tomatenrührei aus 3 Eiern und 250 g Tomaten + 25 g Butter + 2 Scheiben (à 50 g) Vollkornbrot

LOGI UND
DIE GLYX-IRRTÜMER

Die glykämische Last beseitigt die GLYX-Irrtümer.

Sicherlich sind Sie beim Studieren der Übersicht auf Werte gestoßen, die Sie überrascht haben. So ging es mir auch, als ich die Werte für Wassermelone oder Kürbis zum ersten Mal gesehen habe. Weil diese gesunden Lebensmittel einen so hohen GI haben.

Da fragt man sich doch unwillkürlich, ob man denn wirklich keine Wassermelone mehr essen darf. Zählt sie plötzlich zu den Dickmachern? Nach dem GLYX-Konzept lautet die Antwort ja, nach der LOGI-Methode ist die Antwort nein! Denn es handelt sich dabei um einen typischen GLYX-Irrtum: Das Fruchtfleisch der Wassermelone hat je 100 Gramm einen niedrigen Kohlenhydratgehalt, und man müsste schon untypisch große Portionen davon essen, um eine starke Blutzuckerwirkung zu provozieren. Gleiches gilt für Kürbis und viele andere Lebensmittel, die in der GLYX-Diät unberechtigterweise als Dickmacher verteufelt werden. Entscheidend ist die GL eines Lebensmittels! Die GL ist ein errechneter Wert aus dem GI und dem Kohlenhydratgehalt eines Lebensmittels pro Portion geteilt durch 100. Als Formel stellt sie sich so dar: GL = (GI x Kohlenhydrate (g) pro Portion) : 100.

Klassifizierung der glykämischen Last

Bis 10 = niedrige GL – Lebensmittel mit einer so niedrigen glykämischen Last enthalten pro Portion eher wenige Kohlenhydrate. Die erforderliche Insulinmenge, um den Blutzucker zu senken, liegt im grünen Bereich.

11–19 = mittlere GL – Lebensmittel mit einer glykämischen Last zwischen 11 und 19 enthalten pro Portion eine nicht ideale, aber auch noch nicht zu große Menge Kohlenhydrate. Die erforderliche Insulinmenge, um den Blutzucker zu senken, liegt im gelben Bereich.

ab 20 = hohe GL – Lebensmittel mit einer so hohen glykämischen Last liefern pro Portion relativ viele Kohlenhydrate. Die erforderliche Insulinmenge, um den Blutzuckerspiegel zu senken, liegt im roten Bereich.

Während der GI ein fester Wert ist, variiert die GL je nach Portionsgröße. Wahrscheinlich haben Sie sich gefreut, als Sie gelesen haben, dass eine Scheibe Weißbrot eine niedrige GL von 10 hat. Das dürfen Sie, gegen eine kleine Scheibe Brot als Beilage ist nichts einzuwenden. Berücksichtigen Sie aber immer, was passiert, wenn Sie zwei kleine Scheiben Weißbrot essen: Die kohlenhydratabhängige GL verdoppelt sich auf 20 – und das ist (zu) viel.

Die Menge macht's, deswegen kann ein vermeintlicher Schlankmacher schnell zum Dickmacher werden. Gleiches gilt auch für Haushaltszucker, dessen GL auf den ersten Blick niedrig erscheint. Ein Löffelchen mehr davon lässt den GL rasch ansteigen. Davon nehmen wir am Tag ohnehin meist deutlich mehr auf als Sie denken, denn heutzutage ist vielen Produkten Zucker zugesetzt. Entscheidend ist die glykämische Last, die im Laufe eines Tages zusammenkommt. Sie sollte den Wert 100 nicht überschreiten, vor allem, wenn Sie keinen Sport treiben. Wer sich nur nach dem GI richtet, verliert die glykämische Tageslast schnell aus den Augen. Und das kann der Figur ganz schnell schaden. Denn angebliche Schlankmacher wie bissfest gekochte Nudeln oder brauner Reis dürfen trotz ihres niedrigen GI nicht einfach maßlos gegessen werden: Ihre GL liegt pro Portion im hohen Bereich.

Darum tut die LOGIsch

Sie macht satt! Die LOGI-Ernährung ist ballaststoffreich und eiweißreich. Die Ballaststoffe quellen im Magen auf und lösen damit ein Sättigungsgefühl aus. Man muss auch nicht befürchten, über ballaststoffreiche Lebensmittel massig Kalorien aufzunehmen. Die Eiweiße wirken über biochemische Signale im Gehirn, die ihrerseits eine Sättigung auslösen. Darüber hinaus werden bei LOGI durch die geringere Kohlenhydratzufuhr extreme Blutzuckerschwankungen vermieden. Das wirkt Unterzuckerungen und Hungerattacken entgegen. Bei einer LOGIsch gesunden Ernährung leiden Sie also keinen Hunger, und das ist die beste Voraussetzung für eine langfristige Gewichtsabnahme.

Sie schmeckt! Mit dem richtigen Fett wird in der LOGI-Ernährung nicht gegeizt. Fett ist ein Geschmacksträger: Es transportiert das Aroma und macht das Essen erst richtig schmackhaft. Ein leckerer Salat, angemacht mit Olivenöl, ein Steak mit etwas Kräuterbutter oder Garnelen in Knoblauchöl ... – mmh das schmeckt! Ein gutes, fetthaltiges Essen stillt nicht nur Ihre Bedürfnisse, es beugt ebenfalls Heißhunger vor.

Sie ist vielseitig und abwechslungsreich. Hin und wieder liest man in den Medien, dass die LOGI-Ernährung einseitig sei, und dass man sich dabei nur von Fisch, Fleisch und Eiern ernähre. Dabei wird übersehen, dass Gemüse und Obst die Basis dieser Ernährung ausmachen. LOGI ähnelt der ursprünglichen, typisch mediterranen Kost. Mit dem kleinen Unterschied, dass als Sättigungsbeilagen überwiegend Salate, Hülsenfrüchte oder Gemüse serviert werden. LOGI bietet die ganze Palette von Eintöpfen, Suppen und knackigen Salaten bis hin zu fetten Fischen, Meeresfrüchten, magerem Fleisch mit leckerem Olivenöl, frischem Gemüse oder Obst. Selbst auf Desserts müssen Sie nicht verzichten.

DARUM..TUT DIE LOGISCHE ERNÄHRUNG SO GUT!

Ernährung so gut!

Sie ist gesund! Wer LOGIsch isst, isst viel Gemüse und Obst. Dadurch werden immer reichlich Vitamine wie Vitamin C, Mineralstoffe wie Magnesium und sekundäre Pflanzenstoffe zugeführt. Außerdem decken Sie über den hohen Verzehr an Gemüse, Obst und Hülsenfrüchten den Ballaststoffbedarf. Ballaststoffe stärken unter anderem die gesunde Darmflora und damit das Immunsystem. Der hohe Eiweißanteil kurbelt den Stoffwechsel an und beugt Muskelabbau vor. Und auch die Eiweiße sind wichtig für das Immunsystem. Reichlich Omega-3-Fettsäuren, vor allem aus Fisch und Rapsöl, sowie die einfach ungesättigten Fettsäuren aus Olivenöl erhöhen die Fettqualität und wirken sich positiv auf die Gesundheit des Herz-Kreislauf-Systems aus. Durch die verminderte Zufuhr von Stärke und Zucker bleiben die Blutzuckerspiegel und Insulinwerte relativ konstant, was nicht nur gut für die Arterien ist, sondern auch vor Krebs schützt und schlank macht.

Sie schützt die Muskeln und baut Fett ab. Beim Abnehmen mit einer herkömmlichen fettarmen, kohlenhydratreichen Diät bauen Sie 75 Prozent Fettmasse ab. Die restlichen 25 Prozent gehen jedoch auf das Konto wertvoller Muskelsubstanz. Das führt nach der Diät zu einem Absenken des Ruhe-Energieumsatzes. Der Jo-Jo-Effekt kann unter diesem Umstand ungehindert zuschlagen. Die unerwünscht starke Absenkung des Ruheumsatzes lässt sich jedoch mit LOGI verhindern, da der höhere Eiweißanteil den Muskel schützt. Neben dem Muskelschutz bewirkt LOGI durch die niedrigeren Insulinspiegel und den höheren Eiweißgehalt einen stärkeren Fettabbau, vor allem am Bauch.

Dr. med. Peter Heilmeyer ist leitender Arzt der Reha-Klinik Überruh der LVA Baden-Württemberg in Isny im Allgäu. Tätigkeitsschwerpunkt des Internisten und Sportmediziners ist die präventiv ausgerichtete Rehabilitationsmedizin. Deswegen liegt der Fokus des Therapiekonzepts der Klinik auf Physiotherapie (Sport- bzw. Trainingstherapie) und Ernährungstherapie bei Zivilisationserkrankungen wie Übergewicht, metabolisches Syndrom inklusive Diabetes sowie bei Rückenleiden.

F. M.: Die Reha-Klinik Überruh ist die erste Klinik, die LOGI anbietet. Wie bewerten Sie LOGI aus medizinischer Sicht?

P. H.: Ich konnte bei unseren Patienten beobachten, dass LOGI erstens die Gewichtsabnahme erleichtert, zweitens das Blutbild bei Fettstoffwechselstörungen verbessert und drittens die Blutzuckerkontrolle bei Diabetikern wesentlich verbessert. Nach unseren Erfahrungen kann der Insulinbedarf um rund 50 Prozent gesenkt, häufig können orale Antidiabetika abgesetzt werden. Viele Diabetiker kommen völlig ohne Medikamente aus, wenn sie sich streng nach der LOGI-Methode ernähren. Außerdem wird durch LOGI die Vitamin- und Eiweißversorgung verbessert, was zu einer Herunterregulierung der Entzündungsreaktionen im Körper führt, und unter anderem das Arteriosklerose-Risiko senkt.

Wir empfehlen LOGI immer dann, wenn eine Gewichtsreduktion wünschenswert ist, wenn Störungen des Fett- oder Zuckerstoffwechsels vorliegen.

F. M.: Welche Erfolge haben Ihre Patienten in der Reha-Klinik Überruh mit LOGI?

P. H.: Wir haben festgestellt, dass die LOGI-Ernährung im Schnitt zu einer Gewichtsreduktion von einem Kilogramm pro Woche führt. Im Gegensatz zu anderen Methoden zur Gewichtsreduktion berichten die Patienten über ein gutes Sättigungsgefühl und bewerten die geschmackliche Qualität der Gerichte als gut. Dies bedeutet, dass die LOGI-Methode als Dauerernährung geeignet ist. Und damit ist auch die Chance, nach einer Gewichtsabnahme das Gewicht zu halten sehr hoch anzusehen!

F. M.: Für welche Personengruppe ist LOGI besonders empfehlenswert?

P. H.: LOGI ist für Übergewichtige mit metabolischem Syndrom, einer Kombination aus Diabetes, Fettstoffwechselstörung und Hypertonie, besonders geeignet. Daneben gibt es noch viele andere sinnvolle Indikationen. Zum Beispiel profitieren Menschen mit einem gewissen Suchtverhalten für Kohlenhydrate (bestimmte Bulimieformen) von dieser Ernährung. Auch präventiv kann die LOGI-Ernährung eingesetzt werden, zum Beispiel bei Patienten, die zu rascher Gewichtszunahme neigen und beziehungsweise oder in der Familiengeschichte Diabetes oder Gefäßkrankheiten vorweisen.

F. M.: Wie nehmen Ihre Patienten das Essen nach der LOGI-Methode an?

P. H.: Die Akzeptanz ist im Allgemeinen sehr gut, da sich die positiven Wirkungen sehr schnell einstellen: Gewichtsabnahme, das Verschwinden von Heißhungerattacken,

INTERVIEW MIT
DR. PETER HEILMEYER

lang anhaltende Sättigung und eine gute geschmackliche Qualität.

F. M.: Treten denn auch Schwierigkeiten bei der Umsetzung auf?

P. H.: Den meisten Patienten fällt es leicht LOGI umzusetzen. Einigen bereiten Blähungen vorübergehend Schwierigkeiten. Aber solche Probleme treten im Grunde bei jeder Ernährungsumstellung in gewissem Umfang auf – bis sich der Darm an die neue Ernährung angepasst hat. Manche Patienten erleben anfangs eine Art Kohlenhydrat-Craving (Verlangen) und sie träumen sogar von Kohlenhydratmahlzeiten; dies verliert sich nach wenigen Wochen oder Monaten.

Sogenannte Sündenfälle, also Diätfehler, haben bei LOGI eine andere Bedeutung als bei üblichen Reduktionsdiäten: Der Rückfall führt sofort zu einer Verschlechterung der Befindlichkeit, wir sprechen vom »Insulin-kater«. Das Gute daran ist, dass dieser die Tendenz verstärkt, an der LOGI-Ernährung festzuhalten. Insofern ist ein solcher Sündenfall im Rahmen der LOGI-Ernährung kein Unglück.

F. M.: Wie ernähren Sie sich? Leben Sie selbst nach dem LOGI-Prinzip?

P. H.: Ich ernähre mich seit drei Jahren nach der LOGI-Methode und fühle mich in jeder Hinsicht besser als vorher. Da ich viel Sport treibe, insbesondere Ausdauersport, habe ich mich früher sehr kohlenhydratreich ernährt – und dabei langsam aber stetig Gewicht zugenommen.

Dank LOGI habe ich innerhalb der ersten drei Monate sieben Kilogramm verloren. Und seitdem halte ich mein Gewicht ohne Probleme (82 kg bei 1,84 m). Meine sportliche Leistungsfähigkeit ist bei dieser Ernährung nicht schlechter als bei einer kohlenhydrat-reichen.

LOGI in der Reha-Klinik

Die LOGI-Methode wird in der Reha-Klinik in Überruh bereits seit mehreren Jahren erfolgreich in der klinischen Ernährungstherapie eingesetzt und die Erfolge sprechen für sich! Sie haben Diabetes mellitus Typ 2 oder das metabolische Syndrom und wollen mit LOGI Ihre Gesundheit verbessern?

Der kleine Ratgeber »LOGI im Alltag, in der Praxis und in der Klinik«, von Andra Knauer unterstützt Sie auf der Suche nach der richtigen Abnehm- und Diabetesklinik.

Abnehmen und Figur formen.
Die Zauberformel heißt LOGI plus Sport.

Körperliche Aktivität ist unverzichtbar für unsere Gesundheit. Sport senkt den Blutdruck, verbessert den Zucker- und Fettstoffwechsel, schützt vor Osteoporse, baut Stress ab, fördert die Bildung von Glückshormonen und noch vieles mehr. Aber in Sachen Abspecken wird der alleinige Effekt von Sport oft überschätzt. Sport unterstützt in Kombination mit der richtigen Ernährung die Gewichtsabnahme, optimiert die Körperzusammensetzung und beugt dem Jo-Jo-Effekt vor.

Viele Abnehmwillige treibt es ins Fitnessstudio, wo sie auf dem Crosstrainer, in einem Tempo trainieren, das noch Gespräche mit dem Nachbarn zulässt, die Schweißperlen auf die Stirn treiben, in der Hoffnung, dass die Pfunde purzeln. Ausdauertrainig kurbelt schließlich den Fettstoffwechsel an und bei geringer Intensität läuft die Fettverbrennung auf Hochtouren. Um auf diese Weise ein Kilogramm abzunehmen, müsste eine übergewichtige untrainierte Person theoretisch acht Wochen lang zweimal pro Woche eine Stunde auf dem Crosswalker trainieren, um ein Kilogramm Fettgewebe abzunehmen. Wer also nur auf Sport setzt, um seinem Wunschgewicht näher zu kommen, wird wahrscheinlich enttäuscht werden. Studienergebnisse bestätigen: Ausdauersport allein, ohne Kalorieneinschränkung, führt bei übergewichtigen Menschen zu einem geringen Gewichtsverlust von gerade mal 1,7 Kilogramm in einem Jahr. Nicht besonders motivierend für Abnehmwillige, deren Abnehmziel 10, 20 oder 30 Kilo beträgt. Um erfolgreich Pfunde loszuwerden, muss man auch an der Ernährung feilen. Am größten ist der Erfolg, wenn die positiven Effekte von LOGI und Sport kombiniert werden. So erreichen Sie durch Steigerung des Energieverbrauchs und durch Reduktion der Energiezufuhr spielend einfach eine negative Energiebilanz. Und diese brauchen Sie, um sich von den überschüssigen Pfunden zu verabschieden.

LOGI und Ausdauertraining

Sie möchten zu Ihrer LOGIschen Ernährung optimal trainieren, um einen maximalen Erfolg rauszuholen? In diesem Zusammenhang taucht immer wieder die Frage auf, ob Nüchtern-Ausdauertraining die Fettverbrennung fördert.

Wenn Sie nicht gerade vor haben einen Marathon zu laufen, dann können Sie problemlos einen moderaten 45-minütigen Nüchternlauf durchhalten und dabei mehr Fett verbrennen, als wenn Sie vorab einen kohlenhydratreichen Snack wie eine Banane oder ein Brot essen würden. Kohlenhydrate unterbrechen nämlich die Fettverbrennung. Dieser Effekt kann noch einige Stunden nach dem Training anhalten. Anders ist es beim Nüchterntraining. Der Fettverbrennung steht unter diesen Bedingungen nichts im Weg und sie ist auch nach dem Training noch für einige Stunden erhöht.

DIE ZAUBERFORMEL:
LOGI UND SPORT!

Aber Nüchterntraining ist nicht jedermanns Sache. Erfreuliche Nachrichten hierzu liefern italienische Forscher. In Ihrer Untersuchung haben sie männliche Studienteilnehmer bei moderater Intensität knapp 40 Minuten radeln lassen. Dabei waren sie im ersten Versuch nüchtern, während sie im zweiten Versuch vorab ein eiweißreiches, kohlenhydratarmes Frühstück bekamen. Das Ergebnis war verblüffend: Die Fettverbrennungsrate mit dem »LOGI-Frühstück« vorab, war zwar direkt nach Essen zunächst niedriger, dafür aber 12 und 24 Stunden nach dem Training signifikant höher als unter nüchternen Bedingungen. Zusätzlich ist es empfehlenswert, die erste Mahlzeit nach dem Training erst ein bis zwei Stunden danach einzunehmen, sofern Ihr persönliches Ziel der Fettabbau sowie der Gewichtsverlust ist. Je eiweißreicher und kohlenhydratärmer die Folgemahlzeiten, desto weniger wird sie den Nachbrenneffekt gefährden und folglich schneller eine negative Energiebilanz erreichen.

Body-Feintuning mit LOGI und Krafttraining

Gewichte stemmen und LOGIsch essen – dieses Dreamteam wirkt sich beim Abnehmen positiv auf die Körperzusammensetzung aus. Im Vergleich zu einer klassischen kohlenhydratreichen Low-Fat-Diät plus Krafttraining führt das oben genannte Dreamteam zu einem stärkeren Verlust an Fettmasse, vor allem am Bauch, und zu einem größeren Erhalt an Muskeln.

Muskeln für mehr Attraktivität:
So kriegen Sie den Muskel am besten zum Wachsen!

Muskeln verheizen nicht nur mehr Kalorien und machen damit das Abnehmen und Gewichthalten einfacher, Sie formen und straffen darüber hinaus Ihre Figur. Für einen effektiven Muskelaufbau sind zum einen das richtige »Futter« und zum anderen der richtige Verzehrzeitpunkt entscheidend. Krafttraining ist ein optimaler Reiz für den Muskelaufbau. Um diesen Reiz effektiv auszunutzen, empfehlen Wissenschaftler möglichst schnell nach dem Training 20–25 Gramm hochwertiges Eiweiß zuzuführen. Das beste Eiweiß für schöne Muskeln kommt aus der Milch – das sogenannte Molkenprotein. Es ist reich an der Aminosäure Leucin, welche den Muskelaufbau steuert. Deswegen sind kohlenhydratarme Eiweißshakes mit einem hohen Anteil an Molkenprotein empfehlenswert. Bei Kuhmilcheiweißallergie eignen sich auch Eiweißpulver auf Sojabasis. Wem Eiweißpulver an sich zu teuer ist, kann auch auf 500 Milliliter magere Milch zurückgreifen oder Sojamilch genießen. Und wer weder Soja, noch Kuhmilch mag, der sollte zu festen Eiweißquellen, z. B. 125–150 Gramm magerem Fleisch oder Schinken, 125–150 Gramm Fisch oder 2–3 Eiern, greifen. Darüber schützen Sie den Muskel, wenn Sie alle 3–4 Stunden eine eiweißreiche LOGI-Mahlzeit bzw. einen eiweißreichen LOGI-Snack essen.

Dr. med. Klaus Döring ist Facharzt für Innere Medizin und Sportmedizin. Nach 14 Jahren Krankenhaustätigkeit in Rehabilitation und Akutmedizin hat er sich im Jahr 2000 in einer eigenen Privatpraxis in Gießen niedergelassen. Seine Tätigkeitsschwerpunkte sind die Präventionsmedizin und die Früherkennung von Herz- und Gefäßkrankheiten. Daraus entwickelte sich konsequenterweise das Interesse für die Sportmedizin sowie die Weiterbildung zum Sportmediziner.

Franca Mangiameli: Warum ist körperliche Aktivität so wichtig für eine erfolgreiche Gewichtsabnahme?

Klaus Döring: Unser Körper verfügt über die Fähigkeit, auf eine verminderte Nahrungszufuhr mit einem Energiesparprogramm zu reagieren. Dabei wird der Grundumsatz – also die Kalorien, die wir täglich unabhängig von irgendeiner Bewegung verbrennen – abgesenkt. Daher wird Abnehmen allein durch »Wenigeressen« oder Hungern bestenfalls mit Enttäuschungen gekrönt. Sobald man sich einige Kilos abgehungert hat und glaubt, wieder »normal« essen zu dürfen, klettert der Zeiger der Waage wieder nach oben. Abnehmen durch Hungern bedeutet immer eine einschneidende psychische und körperliche Belastung mit unerwünschten Nebeneffekten wie Muskelabbau und Abnahme der Leistungsfähigkeit.

Besser ist es daher, den Kalorienverbrauch bei gleichzeitig vernünftig zusammengestellter Nahrungszufuhr durch mehr Bewegung zu erhöhen! Statt wie beim Hungern Muskelmasse abzubauen, wird auf diese Weise Speicherfett abgebaut und Muskelmasse geschützt. Die Körperkonturen straffen sich erkennbar und die Leistungsfähigkeit steigt. Auch für das allgemeine Wohlbefinden und für die Gesundheit leistet Sport einen wichtigen Beitrag!

F. M.: Stimmt, es können ja sogar ernährungsabhängige Erkrankungen durch Sport gelindert werden. Welche sind das vor allem?

K. D.: Bei den ernährungsbedingten Erkrankungen ist das metabolische Syndrom in den Industrieländern die häufigste Stoffwechselerkrankung überhaupt. Die Wurzel dieses Übels liegt auch hier im Missverhältnis zwischen Energiezufuhr und körperlicher Aktivität. Die Folge ist eine drastisch erhöhte Gefährdung für Gefäßerkrankungen – diese gipfeln oft in einem Herzinfarkt oder Schlaganfall. Man schätzt, dass mindestens 25 Prozent der Bevölkerung bei uns im Laufe

INTERVIEW MIT
DR. KLAUS DÖRING

des Lebens ein metabolisches Syndrom entwickeln. Diesem gesundheitlichen Schicksal kann jeder selbst entgegenwirken: Indem man von vorneherein – am besten bereits von Kindesbeinen an – Normalgewicht und regelmäßige sportliche Aktivität anstrebt. Sogar wenn die Diagnose metabolisches Syndrom bereits vorliegt, kann die Stoffwechselstörung durch Gewichtsreduktion und sportliche Aktivität wesentlich gebessert und damit die Lebenserwartung weitgehend normalisiert werden. Erhöhte Harnsäurewerte sind eine häufige Begleiterscheinung des metabolischen Syndroms. Sie bilden sich im Laufe der Behandlung von alleine zurück. Angeborene Stoffwechselerkrankungen sollten im Rahmen einer ärztlichen Untersuchung vor Behandlungsbeginn ausgeschlossen worden sein.

F.M.: Bei LOGI geht es auch darum, die Insulinsensibilität bei Übergewichtigen und bzw. oder Diabetikern zurückzugewinnen. Kann man dies auch durch Sport beeinflussen?

K.D.: Es ist das erklärte Ziel jeder Diabetesbehandlung, die Empfindlichkeit der Zellen gegenüber dem Stoffwechselhormon Insulin wieder zu erhöhen. Regelmäßiger Ausdauersport und Krafttraining sowie eine kohlenhydratkontrollierte Ernährung sind die natürlichen Behandlungsoptionen. Wenn sie bereits in frühen Erkrankungsstadien zur Anwendung kommen, können sie die Behandlung mit Medikamenten überflüssig machen.

F.M.: Mit welchem Sportprogramm sollte jemand anfangen, der bislang nur wenig körperlich aktiv war und dies ändern möchte?

K.D.: Für Menschen, die bislang keinerlei Sport betrieben haben, bedeutet körperliche Aktivität zunächst eine zusätzliche Belastung. Darum ist es für sie besonders wichtig, das Training behutsam zu beginnen. Ihr Bewegungsprogramm sollte sie dort

abholen, wo sie sich befinden. Dabei spielen Begleiterkrankungen zum Beispiel des Bewegungsapparates eine genauso wichtige Rolle wie individuelle Neigungen zu bestimmten Sportarten.

Der Spaßfaktor ist auf Dauer eine wichtige Größe, um dauerhaft am Ball zu bleiben!

Zum Einstieg empfehle ich Bewegungsformen, bei denen die Belastungen des Bewegungsapparates verhältnismäßig gering sind – beispielsweise Aqua-Jogging, Schwimmen, Nordic Walking und Radfahren.

F.M.: Und welche Sportarten empfehlen Sie für eine optimale Gewichtsreduktion?

K.D.: Das richtige Maß an Intensität und eine ausreichende Dauer des Trainings sind entscheidend. Um einen Richtwert zu nennen: Das Training sollte drei- bis viermal pro Woche über mindestens 30 Minuten durchgeführt werden. Dabei sollte ein Kalorienverbrauch von insgesamt 2.000 bis 3.000 Kilokalorien pro Woche angestrebt werden.

Die Höhe des Energieverbrauchs pro Stunde hängt dabei sowohl von der gewählten Sportart als auch von dem Trainingszustand des Sportlers ab. So kann man beispielsweise durch Walking mit einer Geschwindigkeit von sechs Kilometern pro Stunde etwa 160 Kilokalorien in 30 Minuten verbrauchen, beim Jogging mit neun Kilometern pro Stunde verbrennt man in derselben Zeit bereits 300 Kilokalorien.

Grundsätzlich sind Bewegungsformen, bei denen viele Muskelgruppen eingesetzt werden, effektiver als solche, bei denen zum Beispiel nur die Arm- oder nur die Beinmuskulatur gefordert wird. Für ein effektives Krafttraining reicht es nach neuesten Forschungsergebnissen bereits aus, zwei- bis dreimal pro Woche alle großen Muskelgruppen in einem Durchgang zu trainieren. So schaffen Sie es, den Energieverbrauch um fast 120 kcal pro Tag zu erhöhen. Ganz nebenbei ist der Nachbrenneffekt, also der Kalorienverbrauch nach dem Muskeltraining, noch bis zu 72 Stunden und die Muskelaufbau-Aktivität bis zu 48 Stunden erhöht. Damit der Muskel auch das richtige Futter zum Wachsen bekommt, ist es sinnvoll, nach dem Training einen Eiweißshake auf Molkenproteinbasis zu trinken. Darüber hinaus empfehle ich eine eiweiß- und ballaststoffbetonte Ernährung, die weniger Kohlenhydrate liefert – so zum Beispiel die LOGI-Methode.

F.M.: Wie verträgt sich Sport mit der LOGI-Methode? Kann man die Kohlenhydratportionen etwas großzügiger bemessen, wenn man viel Sport treibt?

K.D.: Die LOGI-Methode ist keine einseitige Diät, sondern eine Anleitung zur Auswahl von Lebensmitteln mit einem niedrigen glykämischen Index. Sie ist abwechslungsreich, vielfältig und ausgewogen und in ihrem Energiegehalt individuell steuerbar. Da der Speiseplan sehr ausgewogen ist, sind alle essenziellen Vitamine, Mineralien und Aminosäuren enthalten und müssen nicht ergänzt werden. Der höhere Eiweißanteil von 35 Prozent bietet optimale Voraussetzungen für einen Muskelaufbau und ist bei gesunden Menschen unbedenklich.

Für das normale Fitness-Ausdauertraining eines Freizeitsportlers sind hiermit alle Voraussetzungen an eine sinnvolle und gesunde Ernährung erfüllt. Ein Mehrbedarf an Kohlenhydraten kann bei intensiven und anhaltenden Belastungen auftreten, die eine erhöhte Glykogenreserve der Muskulatur erfordern.

Wer extrem viel Sport treibt, und hier spreche ich vor allem Leistungs- und Wettkampf-Sportler an, kann auch mehr Kohlenhydrate zu sich nehmen. Am besten lässt man sich in solchen Fällen einen individuell abgestimmten Ernährungsplan erstellen, der auf die einzelnen Trainings- und Wettkampfphasen abgestimmt ist.

F.M.: Welche Erfahrungen haben Sie selbst mit LOGI gemacht?

K.D.: Meine persönlichen Erfahrungen mit der LOGI-Methode sind ausgesprochen positiv. Vielen Patienten leuchtet die Argumentation sofort ein, und der überwiegende Tenor ist: »Warum ist man da nicht schon früher drauf gekommen?« Die Erfolge lassen sich nicht nur physikalisch messen, sie sind den Teilnehmern bereits nach wenigen Wochen anzusehen! Die Kontrolle der Blutwerte belegt zudem den positiven Einfluss auf die atherogenen Risikofaktoren. Das Allgemeinbefinden und die Leistungsfähigkeit verbessern sich parallel dazu. Den Einsatz der LOGI-Methode kann ich daher uneingeschränkt empfehlen.

INTERVIEW MIT
DR. KLAUS DÖRING

ZUCKER
UND STÄRKE

Zucker und Stärke in unserer Ernährung – ein leidiges Thema.
Süße Sünden und ihr bitterer Nachgeschmack!

Wenn Wissenschaftler von Zucker sprechen, geht es übrigens nicht nur um den handelsüblichen Zucker. Auch die Stärke aus Kartoffeln oder Nudeln ist chemisch gesehen ein schnell verfügbarer Zucker. Wie schon auf Seite 21 beschrieben, lockt der Verzehr von Zucker Insulin. Wenn Sie zum Beispiel zwei Scheiben Weißbrot essen, schießt der Blutzucker in die Höhe. Solche Blutzuckerspitzen führen zu einer enorm hohen Insulinproduktion, und diese wiederum senkt den Blutzucker stark ab. Daraufhin kann sich ein subjektiv empfundener Unterzucker einstellen, Abgeschlagenheit und Hunger machen sich breit. Unwillkürlich isst man etwas, um den Blutzuckerspiegel wieder anzuheben – und meistens wird der Hunger mit Kohlenhydraten gestillt. Sollten raffinierte Kohlenhydrate wieder eine subjektiv empfundene Unterzuckerung hervorrufen, kommt bald wieder Hunger auf. Bewegt man sich nicht entsprechend viel, sammeln sich außerdem überschüssige Kalorien an, die dann in den Fettdepots gespeichert werden. Zucker schadet neben der Figur auch den Zähnen und den Blutgefäßen.

Warum essen wir eigentlich so gerne süß? Unter anderem, weil diese Vorliebe angeboren ist. Bereits das Fruchtwasser hat einen süßen Geschmack, ebenso die Muttermilch. Besonders für unsere Vorfahren war die Vorliebe für Süßes ein Schutz gegen den Verzehr verdorbener oder giftig bitterer Nahrung. Außerdem wird es uns von Kindesbeinen anerzogen. Süßigkeiten finden heutzutage Verwendung als Belohnungsstrategie für gute Noten oder gutes Verhalten. Somit werden Kinder heutzutage regelrecht zu Naschkatzen erzogen! Nicht zuletzt kommen wir kaum um den Zucker in der Nahrung herum. Er steckt in vielen Nahrungsmitteln, in Form von natürlichem oder zugesetztem Zucker. Nicht nur in Süßigkeiten ist reichlich Zucker enthalten, auch viele Lebensmittel, in welchen wir Zucker niemals vermuten würden, enthalten reichlich davon. Es handelt sich hierbei um versteckte Zucker, die Sie in Tütensuppen, Fertigprodukten, Ketchup, Senf, fertigen Salatsaucen, Fruchtsäften, Konserven, Brot etc. finden. Im Durchschnitt verzehren wir dadurch täglich rund 100 Gramm Zucker! Das entspricht etwa 33 Stück Würfelzucker. Dieser hohe Zuckerkonsum hat zur Folge, dass unsere Geschmacksschwelle für süß immer weiter steigt. Mit anderen Worten, wir müssen immer mehr süßen, um den süßen Geschmack überhaupt noch wahrzunehmen.

Achten Sie deswegen aufs Etikett!

Der Zucker kann sich hinter verschiedenen Bezeichnungen in der Zutatenliste verbergen, zum Beispiel Saccharose, Glucose oder Glukose, Dextrose, Traubenzucker, Fructose oder Fruktose, Fruchtzucker, Maltose, Malzzucker, Invertzucker, Glukosesirup, modifizierte Stärke, Maisstärke und andere.

Je weiter vorn der Zucker in der Zutatenliste steht, desto mehr ist davon im Produkt enthalten. Manchmal werden auch mehrere Zuckerträger aufgeführt, zum Beispiel können in Tütensuppen neben modifizierter Stärke auch Weizenstärke oder Maisstärke enthalten sein. Viele kleinere Mengen verschiedener Kohlenhydrate bzw. Zuckerarten ergänzen sich auch ganz schnell zu einer großen Menge. Damit wird auch die nicht süß schmeckende Tütensuppe zur kleinen Zuckerbombe! Wie bereits erwähnt, ist unser Geschmackssinn für süße Aromen durch die tägliche Überflutung mit Zucker in Mitleidenschaft gezogen worden. Der ursprüngliche Geschmack der Nahrung wird vom zugesetzten Zucker überlagert und kann sich nicht voll entfalten. Unsere Geschmacksnerven stumpfen gegenüber der Empfindung »süß« ab. Aber es gibt auch eine gute Nachricht – dies ist reversibel! Sie können sich für die Geschmacksrichtung süß wieder sensibilisieren. Gerichte, die Ihnen heute vielleicht nicht stark genug gesüßt wären, empfinden Sie nach wenigen Wochen mit einer natürlichen Ernährung nach LOGI wieder als angenehm süß. Ihre Geschmackschwelle für das süße Aroma sinkt und Sie kommen mit weniger Zucker aus!

Das können Sie an sich selbst feststellen!

Reduzieren Sie nach und nach den Zucker in Ihrem Tee, Ihrem Kaffee, im Frucht-Milch-Shake. Und dann süßen Sie nach ein paar Wochen der LOGI-Ernährung Ihren Tee mal wieder mit der Menge Zucker, die Sie bis vor LOGI verwendet haben: Der Tee wird Ihnen jetzt viel zu süß schmecken.

ZUCKER UND STÄRKE IN UNSERER ERNÄHRUNG

Dr. Petra Ambrosius ist promovierte Oecotrophologin und selbst Autorin mehrerer Kochbücher. Sie entwickelt ausgefeilte Konzepte zur Ernährungsberatung für Diplom-Oecotrophologen und gründete das Netzwerk der mittlerweile bundesweit agierenden »Studios für Ernährungsberatung«. Ihr Herz gehört der Ernährungspraxis: Sie berät niedergelassene Ärzte und deren Patienten, Krankenkassen, Lebensmittelkonzerne sowie Catering-Unternehmen. Außerdem entwickelt sie Konzepte für spezielle Ernährungsprogramme, unter anderem für Diabetiker, für Kinder sowie für Sportler und Freizeitsportler.

Franca Mangiameli: Wie stehen Sie der LOGI-Methode als Ernährungswissenschaftlerin gegenüber?

Petra Ambrosius: In der Ernährungsberatung gibt es immer wieder Strömungen, die einzelne Nährstoffe (Eiweiß, Fette oder Kohlenhydrate) in den Vordergrund stellen. In den letzten Jahren sind eigentlich immer nur fettarme und fettreduzierte Diäten vermarktet worden. Der Erfolg dieser oft doch sehr einseitigen Empfehlungen war gleich null. Es hat nie mehr Übergewicht und Fehlernährung gegeben als in den letzten Jahren. Deswegen halte ich es für sehr wichtig, dass endlich wieder über die Ernährungsempfehlungen diskutiert wird. Konservatismus wird uns auch in der Ernährungswissenschaft nicht weiterbringen.

Ich persönlich stehe der LOGI-Methode sehr positiv gegenüber. Durch die kontroverse Diskussion um die Nährstoffe wird der Mensch als Individuum mit unterschiedlichen Bedürfnissen wieder mehr in den Vordergrund gerückt. Ich bin der Meinung, dass wir viele Ernährungs- und Esstypen haben. In der Ernährungsberatung können wir diesen verschiedenen Typen aber nur gerecht werden, wenn wir ein großes Spektrum an Handlungsspielräumen erhalten.

F. M.: Wie beurteilen Sie LOGI aus ernährungsmedizinischer Sicht?

P. A.: Die neueren Studien aus Amerika zeigen, dass LOGI ein wichtiger Baustein in der Bekämpfung ernährungsabhängiger Erkrankungen ist. Man sollte jedoch immer auch berücksichtigen, dass solche Erkrankungen nicht nur aus einem Risikoverhalten (zum Beispiel ungesunde Ernährung) entstehen, sondern immer multikausal sind. So spielt die Ernährung eine genauso wichtige Rolle wie familiäre Rahmenbedingungen, Bildungsstand und das Maß an körperlicher Aktivität. Wir müssen für jeden einzelnen Patienten den für ihn richtigen Weg suchen.

F. M.: Wie beurteilen Sie die Praxistauglichkeit von LOGI?

P. A.: Ich finde es überaus positiv, dass mit LOGI weder Kalorienzählerei noch strikte Verbote verbunden sind. Die einzige Begrenzung ist die Einschränkung kohlenhydrathaltiger Lebensmittel wie Brot, Kartoffeln, Reis, Nudeln, Süßspeisen und anderer zucker- und stärkereicher Nahrungsmittel. Allerdings ist es wie bei jeder Ernährungsumstellung wichtig, diese schrittweise umzusetzen und keine radikalen Änderungen zu vollziehen. Sonst könnte das schnell ins Gegenteil umschlagen.

F. M.: Was glauben Sie, wird sich die LOGI-Methode als dauerhafte Ernährungsmethode etablieren?

P. A.: Meiner Meinung nach wird sich die LOGI-Methode einen festen Platz unter den wissenschaftlich fundierten Ernährungskonzepten erobern.

Brigitte und Dieter Schulz (60) aus Hamburg

Mein Weg zu LOGI

In den letzten Jahren habe ich kontinuierlich zugenommen. Erklären konnte ich mir die Gewichtszunahme nicht. Am Essen konnte es meiner Meinung nach nicht liegen, denn ich aß nicht anders und nicht mehr als zuvor. Gefrustet über meine Gewichtsentwicklung wendete ich mich an meinen Frauenarzt, in der Hoffnung, die Lösung meines Problems zu erfahren. Dem war auch so. Er machte die Wechseljahre dafür verantwortlich und sagte zeitgleich, dass ich damit leben müsse. Damit wollte ich mich nicht abfinden und wechselte den Frauenarzt, der mich wiederum an Hormonspezialisten überwies. Dort hatte ich das große Glück, einer Ärztin zu begegnen, die mein Problem ernst nahm, die richtigen Untersuchungen initiierte und schließlich mir die Diagnose Insulinresistenz mitteilte. Mein Kohlenhydratstoffwechsel war also gestört. Sie empfahl mir, mich kohlenhydratarm nach der LOGI-Methode zu ernähren und gab mir die Kontaktdaten von Franca Mangiameli, bei der ich dann ein Ernährungscoaching machte.

Ich hatte reichliche Diäterfahrungen

Von der LOGI-Methode hatte ich zuvor nichts gehört. Diäterfahrungen hatte ich aber genug. Von FdH, über Brigitte-Diät und Abnehmpillen habe ich alles versucht, um die Pfunde loszuwerden. Die Erfolge waren, wenn überhaupt, nur von kurzer Dauer.

Vor LOGI habe ich viele Kohlenhydrate gegessen

Ich bin ein totaler Kohlenhydrat-Junkie. Zum Frühstück gab es früher Marmeladentoast, am Wochenende gönnte ich mir frische Brötchen und Orangensaft. Zu Mittag gehörten Kartoffeln, Nudeln oder Reis als Sättigungsbeilage immer auf den Teller. Abends gab es warme Mahlzeiten oder belegte Brote. Heute weiß ich, dass diese Ernährung meine Insulin-

ERFAHRUNGSBERICHT
B. UND D. SCHULZ

resistenz immer weiter verstärkt, wenn nicht sogar hervorgerufen hat. Aber zu diesem Zeitpunkt war ich davon überzeugt, mich gesund zu ernähren. Schließlich bevorzugte ich Vollkornprodukte, und mit Fett ging ich sparsam um. Ein Fehler, wie ich heute weiß.

Seit LOGI esse ich gesünder

Meine Ernährung hat sich komplett verändert, seitdem ich nach LOGI esse. Die Umstellung auf LOGI ist mir nicht sonderlich schwer gefallen, im Gegenteil ich hatte keine Heißhungerattacken oder Appetit auf Süßes mehr. Zum Frühstück gibt es jetzt Joghurt mit Beerenobst oder Rührei bzw. Spiegelei. Am Wochenende gönne ich mir schon mal ein Bio-Vollkorn-Dinkelbrötchen mit Frischkäse oder Quark. Am Abend koche ich leckere Gerichte aus dem LOGI-Kochbuch. Anfangs bereitete mir allerdings das Essen im Büro Schwierigkeiten, da ich nur am Arbeitsplatz essen kann. Mittlerweile habe ich jedoch LOGIische Lösungen für meine Ernährung im Job gefunden.

Mit LOGI habe ich toll abgenommen, vor allem am Bauch

Mit 90 Kilogramm und Kleidergröße 44/46 bin ich an den Start gegangen. Mit LOGI habe ich dann in neun Monaten 20 Kilo abgenommen. Ich wiege jetzt 70 Kilo, trage Kleidergröße 40/42. Der Bauch ist weg, ich habe wieder eine Taille, meine Beine sind schlanker geworden und mein ganzer Körper hat Form angenommen. Mir geht es einfach blendend. Zu meiner Freude wurde mein Erfolg sogar von der Krankenkasse belohnt. Sie hat nämlich einen Teil der Kosten für die Ernährungsberatung übernommen. Von diesem Geld habe ich mich mit neuen Kleidungsstücken belohnt.

Mein Mann hat mich unterstützt und dabei selbst abgenommen

Dass mir die Umstellung auf LOGI so leicht fiel, habe ich meinem Mann zu verdanken, der mich sehr unterstützt und alles mitgemacht hat. Meine LOGI-Gerichte haben ihm geschmeckt, mit dem Ergebnis, dass auch er 20 Kilogramm abgenommen hat. Er ist mittlerweile der LOGI-Koch bei uns zu Hause. Er entwickelt selbst neue Rezepte und verwöhnt unseren Gaumen mit leckeren LOGI-Gerichten.

LOGI ist uns von Anfang an sehr gut bekommen

Zu keinem Zeitpunkt haben mein Mann und ich Hunger verspürt, manchmal waren wir sogar noch mittags von unserem Ei-Frühstück satt. Wir freuen uns jeden Abend auf ein gemeinsames, schönes, genussvolles und ruhiges Abendessen. Am Wochenende gönnen wir uns auch ein Glas Wein. Mein Schlaf ist zudem ruhiger geworden, ich wälze mich nicht mehr im Bett herum. Mir geht es insgesamt besser, weil ich mich leichter und beschwingter fühle.

Unsere LOGI-Leibspeisen:

Eigentlich mögen wir fast alles, aber das sind unsere »Renner«:
Frühstück: Spiegelei mit Bacon oder Nordseekrabben und Gurke
Kaltes Lieblingsgericht: Spanischer Bohnensalat mit Chorizo (lauwarm)
Warmes Lieblingsgericht: Steak mit mediterranem Ofengemüse

Sascha Arnold (40) aus Odenthal

Mein Weg zu LOGI

Aufgrund meines Übergewichts hatte ich massive Knieprobleme während und nach dem Sport. Ich wusste, es wird Zeit etwas zu unternehmen, da mich selbst mein Umfeld auf mein starkes Übergewicht ansprach. Für mich sollte nur eine Ernährung infrage kommen, die ich ein Leben lang durchhalten kann. Beim Recherchieren bin ich dann auf LOGI gestoßen. Diese Ernährung sagte mir zu, weil ich zum einen keine Kalorien zählen musste und zum anderen fast alle Lebensmittel, die ich gerne esse, erlaubt waren.

Atkins war einseitig für mich

Brot, Kartoffeln und Nudeln zu reduzieren war für mich nicht neu. Zuvor hatte ich schon einmal innerhalb eines halben Jahres 17 Kilo mit der Atkins-Diät abgenommen, die wesentlich kohlenhydratärmer ist als LOGI. Allerdings wurde mir die Ernährung zu einseitig und fettig. Zudem nahm ich über die Nahrung nur unzureichend Vitamine und Mineralstoffe auf, weshalb ich Vitaminpillen schlucken musste. Ich brach schließlich diese Ernährungsweise ab, auch deshalb, weil ich Angst hatte, dass die Einseitigkeit dieser Ernährung mir auf Dauer mehr schaden als nützen könnte.

Nach Atkins verfiel ich in alte Verhaltensmuster

Nach der Atkins-Diät fing ich wieder an, querbeet zu essen. Mein Kohlenhydratkonsum stieg allmählich wieder an. Vor allem Lebensmittel, die viele Kohlenhydrate und Fett enthielten, wie Croissants, Pizza oder Schokolade, waren Bestandteil meiner Ernährung geworden. Allmählich pendelte das Gewicht wieder nach oben.

ERFAHRUNGSBERICHT
SASCHA ARNOLD

Mit LOGI habe ich 45 Kilo abgenommen

Mit einem Gewicht von 145 Kilo bin ich dann erneut an den Start gegangen, diesmal mit LOGI und Fitnesstraining, wobei ich verletzungsbedingt zwischendurch sechs Monate mit dem Sport pausieren musste. Die LOGI-Methode ging nach einer kurzen Eingewöhnungsphase schnell in Fleisch und Blut über. Brot, Kartoffeln und Nudeln zu reduzieren, war für mich kein Problem. Ich esse eigentlich nur Lebensmittel der Basis und der ersten Stufe. Kohlenhydrate kommen nur selten auf den Tisch. Dann aber nur die Vollkornvariante. Für Brot habe ich meine Alternativen gefunden: Entweder backe ich mir ein Low-Carb-Brot oder ich kaufe mir Eiweiß-brot, das mittlerweile überall erhältlich ist. Innerhalb von zwei Jahren habe ich 45 Kilo abge-nommen. Den Gürtel musste ich dann auch enger schnallen, denn mein Bauchumfang redu-zierte sich von 134 auf 107 Zentimeter. Meine Blutwerte sind top und mein Körperfettanteil hat sich um ein Vielfaches reduziert. Mein Hausarzt ist sehr zufrieden mit mir.

LOGI schmeckt und macht mich satt

LOGI ist ausgewogen und noch lecker dazu. Mir fehlt es an nichts. Durch das Eiweiß bleibe ich länger satt. Durch die Reduzierung der Kohlenhydrate ist mein Süßempfinden drastisch gesunken. Heißhungerattacken bleiben seitdem aus.

Mit LOGI und Krafttraining halte ich mein Gewicht

Ich bin jetzt im dritten LOGI-Jahr und halte mein Gewicht problemlos. Aber natürlich muss ich etwas dafür tun. Ich esse weiterhin eiweißreich und kohlenhydratarm und mache zudem ein gezieltes Muskelaufbautraining.

Seit LOGI bin ich ein neuer Mensch

Seitdem ich nach LOGI esse, hat sich nicht nur meine Figur verändert, sondern auch mein Selbstbewusstsein. Dieses ist nämlich extrem angestiegen. Ich fühle mich agiler, bin nicht mehr träge, müde und antriebslos. Ich schlafe besser, bewege mich regelmäßig, bin fitter und genieße mein logisches Essen, ohne ein schlechtes Gewissen zu haben.

Meine LOGI-Leibspeisen:

Frühstück: Sahnequark mit ungesüßten Beeren, alternativ auch andere Früchte
Warme Mahlzeit: Scharfe Jaromakohl-Hack-Pfanne mit Frischkäse
Kaltes Gericht: Brokkolisalat mit Paprika

LOGI IN DER
TÄGLICHEN PRAXIS

Genuss ohne Zucker, Mehl und Stärke? Nie wieder Brot, Pizza, Pasta oder Schokolade? Mit solchen Ängsten setzen sich viele Menschen auseinander, wenn sie darüber nachdenken, sich nach der LOGI-Methode zu ernähren.

Solche Bedenken sind verständlich, aber »Ängste« sind völlig unbegründet! Wenn Sie es bisher gewohnt waren, Getreide in unbegrenzter Menge nach Lust und Laune zu verzehren, macht es keinen Sinn, von heute auf morgen einen radikalen Schnitt zu machen und sich Getreide- und Mehlspeisen rigoros zu verbieten. Das würde nur unweigerlich dazu führen, dass Sie pausenlos an Butterbrot, Kuchen oder Spaghetti Bolognese denken. Setzen Sie sich kleine, erreichbare Ziele.

Tauschen Sie zunächst beim Mittagessen die Sättigungsbeilagen zugunsten von Gemüse und Salat oder Hülsenfrüchten aus. Reduzieren Sie dann beim Frühstück die Brotmenge auf eine dünne Scheibe Vollkornbrot. Wenn Sie die bedenklichsten Kohlenhydratträger so über einen längeren Zeitraum nach und nach ersetzen, werden Sie weniger Probleme beim Start in eine LOGIsch gesunde Ernährung haben.

Tolle Kohlenhydrat-Alternativen. Pizza und Brot ohne Mehl, Desserts ohne Zucker? Das geht. Dieses Kochbuch präsentiert Ihnen eine Fülle von Alternativen. Sehen Sie selbst...

Die Pizza-Alternative. Sie brauchen nur Kichererbsenmehl, Wasser, Öl und Salz. Aus diesen Zutaten backen die Italiener eine Farinata (Rezept auf Seite 174). Farinata ist ein dünn gebackener Fladen, der ursprünglich aus Ligurien stammt. Dieser Teigfladen zählte früher zur Arme-Leute-Kost, denn er ist billig und einfach herzustellen. Kichererbsenmehl enthält im Vergleich zu Weizenmehl bis zu 40 Prozent weniger Kohlenhydrate. Außerdem liefert es Eiweiß und Ballaststoffe, was die Nährwertzusammensetzung einer Farinata-Alternativ-Pizza gegenüber der normalen Weizenteig-Pizza aufwertet.

Die Brot-Alternative. Für ein LOGI-gerechtes Brot benötigt man eine kleine Portion Kohlenhydrate, die der Hefe als Nahrung dienen, und einen »Kleber«, der das Brot zusammenhält. Die für dieses Kochbuch entwickelten LOGI-Taler bestehen aus dem Kohlenhydrate liefernden Kichererbsenmehl, aus Hafer- und Weizenkleie, aus Nüssen, Samen sowie aus Ei und dem Weizenkleber Gluten. Die LOGI-Taler sind im Vergleich zu herkömmlichem Brot kohlenhydratärmer und fettreicher. Sie haben aufgrund des hohen Ballaststoffanteils eine enorme Sättigungswirkung.

Die Gnocchi-Alternative. Gnocchi sind eine italienische Spezialität, die aus Kartoffeln und Mehl bestehen. Ihr Kohlenhydratgehalt liegt bei 89 Prozent. Mir ist es gelungen, aus Ricotta-Käse, ganz wenig Weizenmehl, Parmesan, Ei und nach Bedarf etwas Weizenkleber (Gluten) bzw. Johannisbrotkernmehl ein kohlenhydratarmes Gnocchirezept zu entwickeln (Rezept auf Seite 102). Der Kohlenhydratgehalt dieser Ricottagnocchi liegt bei 18 Prozent.

Nudel-Alternativen. Wer sagt eigentlich, dass Nudeln und Spaghetti immer aus Teigwaren bestehen müssen? Probieren Sie doch auch einmal Gemüsetagliatelle. Sie brauchen dafür nur Zucchini oder Möhren (Rezept auf Seite 123). Mein Tipp:

Achten Sie darauf, dass die Gemüse-Tagliatelle nicht zu dünn werden, da sie sonst schnell zerkochen. Die bissfest gekochten Gemüsestreifen schmecken wie Nudeln mit Tomatensauce übergossen. Wenn Sie auf Spaghetti und Co. nicht ganz verzichten möchten, können Sie aber die Gemüsetagliatelle auch mit einer kleinen Portion gekochter Teigwarenspaghetti mischen – und so die Menge der kohlenhydratreichen Weizentagliatelle reduzieren. In gut sortierten Supermärkten, im Reformhaus und Bioladen werden immer öfter auch Sojanudeln und -spaghetti angeboten. Ihr Eiweißanteil liegt bei rund 48 Gramm, ihr Kohlenhydratgehalt bei nur 28 Gramm. Damit sind sie eine Top-Alternative zu Hartweizenteigwaren!

Kartoffel-Alternativen. Eine gute Kartoffel-Alternative ist der Kürbis. Gekocht bekommt er eine kartoffelähnliche Konsistenz. Schneiden Sie den Kürbis einfach in dicke Scheiben, würzen ihn mit Olivenöl, Rosmarin, Salz und Pfeffer und backen ihn im Backofen. Fertig sind die Rosmarin-Kürbitoffeln (Rezept auf Seite 137).

Kartoffelpüree-Alternativen. Da Kartoffelpüree nicht nur einen hohen glykämischen Index hat, sondern auch eine hohe glykämische Last aufweist, eignet er sich als LOGI-Gericht eher weniger. Doch es gibt schmackhafte Alternativen auf Gemüsebasis, die zudem auch noch gesünder sind. Hierzu zählen Kürbispüree (Seite 132), Möhrenpüree (Seiten 122, 124), Selleriepüree (Seiten 112, 119), Fenchelpüree (Seiten 162, 166), Auberginenpüree (Seite 110) und andere. Diese Varianten enthalten deutlich weniger Kohlenhydrate, mehr Vitamine und Mineralstoffe bei gleichzeitig weniger Kalorien.

Die Knabber-Alternativen. Im Reformhaus können Sie Kokoschips kaufen. Im Backofen eine Minute aufbacken und fertig sind die süßlich schmeckenden Alternativ-Chips. Sie enthalten nicht die fatale Kombination aus schnellen Kohlenhydraten und Fett. Doch Kokoschips bestehen überwiegend aus Fett, und ihr Energiegehalt ist sehr hoch, deswegen auch nicht mehr als eine Handvoll als Snack verzehren. Eine weitere leckere Alternative sind Gemüsechips.

Schnitzel-Alternativen. Schnitzel an sich sind ja eigentlich gar nicht kohlenhydratreich. Erst die beliebte Mehl- oder Paniermehlpanade sorgt für überflüssige Stärke. Die einfachste Alternative ist es, das Schnitzel »natur« zu braten. Wer jedoch nicht auf das knusprige Drumherum verzichten möchte, kann das Fleisch in gehackten Nüssen oder Sesam wenden.

Müsli-Alternativen. Auf Müsli müssen Sie bei einer kohlenhydratreduzierten Ernährung nicht verzichten. Morgens kommt der Körper mit den Kohlenhydraten noch am besten klar. Aber mischen Sie die Getreideflocken mit einer großen Portion Sojaflocken, mit gehobelten oder gehackten Nüssen, um den absoluten Kohlenhydratanteil zu senken. Eine andere Alternative sind frische Obstwürfel in Joghurt mit gerösteten Kokosflocken.

Zucker-Alternativen. Grundsätzlich gilt bei LOGI: Erst für die Geschmacksrichtung süß sensibilisieren, bevor der Zucker durch Zuckeraustauschstoffe oder Süßstoffe ersetzt wird.

Wer ein paar Wochen nach LOGI lebt, wird schnell merken, dass alles viel süßer schmeckt, mit der Folge, dass auch weniger Süße nötig ist. Wem es aber dennoch nicht süß genug ist, kann maßvoll mit Zucker, Honig oder alternativen Süßungsmittel wie Süßstoff, Stevia, Xylit oder Sukrin umgehen. Die Dosis macht das Gift. Wer es gerne fruchtig mag, kann mehr Süße durch Fruchtmus bekommen:

Fruchtmus. Mögen Sie den leicht säuerlichen Geschmack von Naturjoghurt pur nicht so gerne? Pürieren Sie zum Beispiel eine halbe Mango mit dem Joghurt. Sie können natürlich auch andere süße Früchte verwenden.

Bindemittel-Alternative Johannisbrotkernmehl. Johannisbrotkernmehl wird aus den Samen des Johannisbrotbaums gewonnen. Es wird als Ersatz für Stärkemehle zum Binden von Saucen, Suppen etc. eingesetzt. Johannisbrotkernmehl ist eine Ballaststoffart, wird nicht verdaut und liefert keine Kalorien. Ein großer Vorteil gegenüber Guarkernmehl ist, dass es zum Binden nicht aufgekocht werden muss.

Guarkernmehl. Dieses ist wie Johannisbrotkernmehl ein natürlicher Ballaststoff, der aus den Samen der Guarbohne gewonnen wird. Es hat ein hervorragendes Bindevermögen und eignet sich ebenfalls als Ersatz von Stärkemehl. Johannisbrotkernmehl und Guarkernmehl eignen sich übrigens auch für gluten- und eifreies Kochen und Backen.

Agar-Agar. Dieses Geliermittel wird aus Rotalgen gewonnen. Es ist prima zum Andicken von Nachspeisen wie Cremes oder Buttermilchnocken geeignet (Rezept auf Seite 178). Es kann als Ersatz für Gelatine verwendet werden und hat den Vorteil, dass es zum Gelieren keinen Zucker benötigt. Agar-Agar ist geschmacksneutral und kalorienfrei. Es ist in Reformhäusern oder Bioläden erhältlich.

Kohlenhydratreduzierte Mehle. Das Mehl aus Hülsenfrüchten eignet sich zum Binden von Saucen und Suppen und kann auch zum Backen verwendet werden. Sein hoher Eiweiß- und Ballaststoffgehalt macht es zu einer gesunden Mehl-Alternative mit einem leicht nussigen Aroma. Weiterhin können zum Backen auch gemahlene Mandeln oder Haselnüsse, Nussmehle, Kokosmehl, Sojamehl oder Eiweißpulver verwendet werden.

Weizenkleber Gluten. Dabei handelt es sich um ein Getreideeiweiß, nicht um ein Kohlenhydrat. Es verbessert die Backeigenschaften eines Teiges, vergrößert sein Volumen und verleiht dem Backwerk Stabilität. Weizenkleber ist in Reformhäusern, beim Bäcker oder in Bioläden erhältlich. Vorsicht gilt für Personen mit einer Glutenunverträglichkeit (Zöliakie), sie sollten stattdessen die Alternative Johannisbrotkernmehl wählen.

Das LOGI-Einmaleins:

Gemüse und Obst – je bunter desto besser!

Wie man der LOGI-Pyramide entnehmen kann, sind Gemüse und zuckerarmes Obst wie Beeren, Papaya, Zitrusfrüchte, Aprikosen etc. die Basis dieser Ernährung. Das ist ja auch ganz einfach zu begründen: Diese Lebensmittel sehen nicht nur appetitlich aus, sondern liefern unserem Körper die größte Vielfalt an wichtigen Vitaminen, Mineralstoffen, Spurenelementen und sekundären Pflanzenstoffen.

Sie liefern pro Portion wenige Kohlenhydrate, was den Insulinspiegel schön flach hält. Durch den reichlichen Verzehr von Gemüse und Obst decken Sie auch Ihren Bedarf an Ballaststoffen. Diese regen die Verdauung an, senken den Cholesterinspiegel und haben einen sättigenden Effekt. Gemüse und Obst liefern zudem 80–95 Prozent Wasser. Essen Sie zu jeder Mahlzeit Gemüse, Salat oder zuckerarmes Obst. Zum Beispiel Quark mit Beeren zum Frühstück, Fisch mit einer großen Portion Salat zu Mittag oder Gemüsesticks mit Kräuterquark zwischendurch. Auf diese Weise senken Sie ganz einfach die Energiedichte in Ihren Mahlzeiten und sättigen sich folglich mit wenigen Kalorien. Je bunter Ihre Auswahl ist, desto besser, denn dann nehmen Sie eine große Vielfalt an sekundären Pflanzenstoffen auf.

Kann man nicht statt Obst einfach Vitaminpillen einnehmen? Nein, denn Vitaminpillen beruhigen nur das schlechte Gewissen. Man weiß, dass synthetisch hergestellte Vitamine nicht so gut vom Körper aufgenommen werden wie natürliche. Denn in Obst und Gemüse stecken viele sekundäre Pflanzenstoffe, die die Aufnahme der Vitamine verbessern. Es ist das Zusammenspiel der verschiedenen Inhaltsstoffe eines Lebensmittels, das für die eigentlich positive Wirkung verantwortlich ist. Das kann keine Tablette leisten!

Einkaufs- und Lagerungstipps: Um den Vitamin- und Mineralstoffgehalt in Gemüse und Obst möglichst lange zu bewahren, ist es wichtig, schon beim Einkauf die Augen offen zu halten und dann die Lebensmittel richtig zu lagern.

- Kaufen Sie nur Obst und Gemüse ohne Druckstellen und Verletzungen.
- Lagern Sie Obst und Gemüse möglichst dunkel: Vitamin C ist sehr lichtempfindlich.
- Bevorzugen Sie beim Einkauf Obst- und Gemüsesorten der Saison.
- Bewahren Sie kälteresistentes Obst und Gemüse im Gemüsefach auf, am besten in Krepppapier gewickelt. Dadurch bleibt es länger frisch.
- Lagern Sie Karotten ohne Grün, dann welken sie nicht so schnell.
- Bewahren Sie kälteempfindliches Obst und Gemüse nicht im Kühlschrank auf: Zitrusfrüchte, Trauben, Ananas, Bananen, exotische Früchte, Auberginen, Paprika, Zucchini, Tomaten, Gurken, Avocados, Melonen.

LOGI OHNE LOGI OHNE LOGI OHNE LOGI

DAS LOGI-EINMALEINS: LEBENSMITTELFAKTEN

Ein kurzer Überblick.

Hülsenfrüchte – wieder zum Leben erweckt.

Hülsenfrüchte galten lange Zeit als Arme-Leute-Essen und werden in unserer Alltagsküche zu Unrecht stiefmütterlich behandelt. Zurzeit erleben die vielen Sorten getrockneter Bohnen, Linsen, Erbsen und die Sojabohnen erfreulicherweise eine Renaissance.

Hülsenfrüchte sind gesundheitlich unglaublich wertvoll. Sie enthalten zwischen 3 und 26 Prozent Eiweiß und reichlich Ballaststoffe. Dadurch sättigen sie gut. Ihr glykämischer Index ist niedrig, die glykämische Last je nach Verzehrsmenge im niedrigen bis mittleren Bereich. Das macht sie zum wichtigen Bestandteil der LOGI-Ernährung. Sie sind vor allem für Vegetarier die wichtigste Eiweißquelle. Sie liefern Folsäure, Magnesium, Zink, Kupfer und Eisen. Da das Eisen aus pflanzlichen Lebensmitteln vom Körper schwerer aufzunehmen ist als tierisches, sollten Sie immer Vitamin-C-reiches Gemüse dazu essen, zum Beispiel Paprika, Brokkoli, Kohlgemüse, oder ein Glas Orangensaft dazu trinken. Das verbessert die Aufnahme.

Essen Sie Hülsenfrüchte niemals roh, garen Sie sie grundsätzlich lange genug: Hülsenfrüchte enthalten giftige Begleitstoffe, die erst durch zehnminütiges Erhitzen unschädlich werden.

Mein Einkaufstipp: Achten Sie darauf, dass die Hülsenfrüchte alle etwa die gleiche Größe haben, keine Dellen oder vertrocknete Stellen aufweisen.

Fette & Öle für mehr Geschmack und Gesundheit.

Fette und Öle sind ein wichtiger Bestandteil der LOGI-Ernährung. Deswegen sind sie an der Basis der Pyramide zu finden. Der großzügige Umgang mit Fett ist nicht nur erlaubt, sondern auch erwünscht, denn dieser Nährstoff bringt nicht nur Geschmack ins Essen, sondern schmeichelt darüber hinaus der Gesundheit.

Bei LOGI ist alles in Butter! Es ist kein Zufall, dass auf der LOGI-Pyramide die Butter an der Basis zu finden ist. Zwar wird die Butter bis heute noch von Fachgesellschaften wegen des hohen Anteils an gesättigten Fettsäuren verteufelt. Die weitverbreitete Meinung, dass gesättigte Fettsäuren das Risiko für Herz- und Hirninfarkt erhöhen, hat viele Menschen, vor allem diejenigen mit erhöhtem Cholesterinspiegel, dazu getrieben, die gute alte Butter gegen Margarine auszutauschen. Dass die Butter aber unschuldig ist, haben diverse Metaanalysen ans Tageslicht gebracht. Das Ergebnis: Gesättigte Fettsäuren erhöhen weder das Herz- noch das Hirninfarktrisiko.

Was ist mit Margarine? Mit pflanzlicher Kost verbinden Verbraucher und Ernährungsfachgesellschaften weltweit eine gesündere Ernährung. Sie schützt angeblich vor Herzinfarkt, Krebs und anderen ernährungsabhängigen Erkrankungen. Deswegen wird Menschen mit hohem Cholesterin die Butter vom Speiseplan gestrichen und durch Margarine ersetzt. Das überwiegend aus Distel- oder Sonnenblumenöl künstlich erzeugte Pflanzenfett liefert reichlich Linolsäure, eine Omega-6-Fettsäuren, die in der Lage ist, das Cholesterin, insbesondere das böse LDL-Cholesterin zu senken. So weit, so gut. Aber bedeutet dies auch gleichzeitig, dass das Risiko einen Herzinfarkt zu erleiden sinkt? Nein. Es ist mittlerweile in großen Studien gezeigt worden, dass genau das Gegenteil der Fall ist. Wer seine heiß geliebte Butter gegen Margarine aus Distel- und Sonnenblumenöl austauscht, kann zwar seinen Cholesterinspiegel senken, das Risiko für die Herz-Kreislauf- und Gesamtsterblichkeit ist jedoch nicht vermindert, sondern erhöht.

Olivenöl: Damit läuft's wie geschmiert! Aus der mediterranen Küche ist Olivenöl nicht wegzudenken, aber auch in der LOGI-Ernährung nimmt dieses Super-Öl eine zentrale Stellung ein. Es ist reich an einfach ungesättigten Fettsäuren, Vitamin E und sekundären Pflanzenstoffen. Bereits drei Esslöffel Olivenöl pro Tag wirken sich positiv auf Körper und Geist aus. Die positiven Effekte von nativem Olivenöl beruhen auf seinem hohen Gehalt an Polyphenolen, deren antioxidative Fähigkeit höher ist als die von anderen Pflanzenölen. Vor allem das Biophenol ist in der Lage sich direkt nach dem Essen positiv auf das böse Cholesterin auszuwirken. Es macht es nämlich unschädlich, wodurch das Risiko Herz-Kreislauf-Erkrankungen sinkt. Durch seinen hohen Anteil an Ölsäure ist Olivenöl auch in der Lage, den Blutdruck signifikant zu senken. Das Super-Öl verbessert auch noch die Verwertung von Zucker und wirkt leberentfettend. Das ist vor allem für Diabetiker relevant. Weiterhin fördert Olivenöl wie kein anderes Öl das Sättigungsgefühl und hilft dadurch, Energie einzusparen. Forscher vermuten, dass es die Geschmacksstoffe im Olivenöl sind, die hungermachende Blutzuckerschwankungen verhindern. Außerdem erhöht Olivenöl die Konzentration des Sättigungshormons Serotonin.

Rapsöl & Co. Rapsöl enthält neben einfach ungesättigten Fettsäuren auch Omega-3-Fettsäuren, die das Herz und die Gefäße schützen. Im Pflanzenreich liefern neben Rapsöl nur Walnuss- und Leinöl sowie Leinsamen diese wertvollen Fettsäuren. Sonst kommen diese vor allem in fetten Meeresfischen vor. Omega-3-Fettsäuren haben eine positive Wirkung auf die Blutfette, senken den Blutdruck, verbessern die Blutzuckerwerte und kurbeln die Fettverbrennung an. Ein Verhältnis von Omega-6-Fettsäuren zu Omega-3-Fettsäuren von 5:1 gilt als erstrebenswert und wird mit LOGI bei richtiger Umsetzung auch problemlos erreicht.

Kokosöl kann was. Das Besondere am Kokosöl ist sein hoher Gehalt an mittelkettigen Fettsäuren (60 Prozent). Diese werden im Vergleich zu langkettigen Fettsäuren, wie sie zum Beispiel in anderen Pflanzenölen oder Fleisch stecken, schneller verstoffwechselt und »verbrannt«, wodurch sie nur zu einem geringen Anteil im Fettgewebe eingelagert werden. Studien haben gezeigt, dass mittelkettige Fettsäuren den Energieverbrauch nach dem Essen erhöhen und möglicherweise sogar die Sättigung verstärken. Wissenschaftler konnten darüber hinaus zeigen, dass der regelmäßige Verzehr von nativem Kokosöl den Fettstoffwechsel positiv beeinflusst. Daneben stärkt Kokosöl die Abwehr. Kokosöl schützt außerdem unser Oberstübchen. Bei der Verwertung von Kokosöl entstehen Ketone. Diese versorgen Körper- und Hirnzellen sehr effizient mit Energie und scheinen sogar die Regeneration bereits geschädigter Nervenzellen zu fördern. Aus diesem Grund ist Kokosöl auch Erfolg versprechend in der Behandlung sowie Prävention von neurodegenerativen Erkrankungen wie Alzheimer.

DAS LOGI-EINMALEINS:
LEBENSMITTELFAKTEN

Vermeiden Sie Trans-Fettsäuren: Diese stecken in Fertigprodukten, Frittiertem und in vielen Backwaren. Trans-Fettsäuren stehen im Verdacht Krebs und Herz-Kreislauf-Erkrankungen zu fördern.

Ein fetter Mythos:

Fett essen hat nichts mit Fettsein zu tun. Fett ist der kalorienreichste Nährstoff, und deshalb klingt es zunächst schlüssig, dass eine fettreiche Ernährung schnell zu einem Kalorienüberschuss führt und damit dick macht. Wer aber die wissenschaftlichen Beweise für diese Empfehlung sucht, wird nicht fündig, weil sie schlicht nicht existieren. Im Gegenteil, die Ergebnisse der größten europäischen Langzeitbeobachtungsstudie (EPIC), die im Jahre 2009 publiziert wurde, widerlegte die Anti-Fett-These. Das Fazit dieser Studie: Es besteht kein signifikanter Zusammenhang zwischen der Menge und Art des verzehrten Fettes und der Gewichtszunahme.

Fette entschärfen durch die richtige Kombination! Die Energiedichte einer Mahlzeit kann trotz hohen Fettanteils sehr niedrig ausfallen. Das hängt maßgeblich davon ab, ob gleichzeitig viel wasserreiches Gemüse, Salat oder Obst dazu kombiniert wird. Mit anderen Worten: Wenn Sie einen fetten Fetakäse mit reichlich wasserreichem Salat und Gemüse verzehren, senken Sie die Energiedichte und der Fettgehalt fällt somit nicht ins »Gewicht«.

Lagerungstipps: Fette und Öle können durch Einflüsse wie Licht oder Luft verderben. Um die Lebenszeit vor allem von empfindlicheren Ölen, wie zum Beispiel extra natives Olivenöl, zu verlängern, ist es ratsam, diese dunkel und kühl lagern. Öle, die Sie im Kühlschrank aufbewahren, können weiße Flocken bilden, die sich in der Flasche absetzen. Keine Sorge, das ist normal und beeinflusst die Qualität des Öles nicht.

Welches Öl wofür? Natives Oliven- und Rapsöl sind zum Backen und Braten geeignet. Man sollte nur darauf achten, dass das Fett nicht anfängt zu rauchen. Kokosöl ist sogar zum Frittieren geeignet. Leinöl dagegen verwenden Sie nur für die kalte Küche. Butter findet ihren Einsatz in der Backstube und in Gerichten, die gedünstet werden.

Fisch – die Power aus dem Meer.

Fisch ist reich an hochwertigem, leicht verdaulichem Eiweiß und ein guter Lieferant für die Vitamine D, Niacin, Vitamin B_6 und B_{12} sowie für Selen. Das den Stoffwechsel ankurbelnde Jod ist überwiegend in Salzwasserfischen, seltener in Süßwasserfischen enthalten. Fettreiche Fische wie Makrele, Lachs, Hering, Thunfisch und Aal sind zudem reich an Omega-3-Fettsäuren.

Fetter Fisch ist so omega gesund! Omega-3-Fettsäuren aus fettem Fisch gehören zu den Alleskönnern, denn sie sind in der Lage, ihre positiven Eigenschaften von Kopf bis Fuß zu entfalten. Mit bereits zwei Portionen fetten Fisch pro Woche sind Sie dabei. Omega-3-Fettsäuren sind wichtig für die Gehirnentwicklung und als Isoliermaterial und Signalvermittler sind sie Bestandteil unseres Nervenkostüms. Ein Mangel steht in engem Zusammenhang, die Gedächtnisleistung zu verschlechtern und Demenz bzw. Alzheimer zu fördern.

Fisch wirkt darüber hinaus als Antidepressivum. In Studien hat man festgestellt, dass depressive Menschen niedrigere Omega-3-Fettsäure-Blutspiegel besitzen als gesunde. Weiter geht es zu den »Herzensangelegenheiten«. Auch hier haben Omega-3-Fettsäuren ihr Einsatzgebiet. Die Fischfettsäuren senken die Triglyzeride, verdünnen das Blut, senken den Blutdruck, wirken entzündungshemmend und schützen auf diese Weise das Herz. Eine umfassende Überprüfung der bisherigen Forschungen hat ergeben, dass bereits eine Portion Fisch pro Woche signifikant das Risiko für koronare Herzerkrankungen senkt. Ferner unterdrücken sie die Bildung neuer Blutgefäße, die der Tumor zum Wachstum braucht. Kommen wir zum Darm: Laut der größten Beobachtungsstudie Europas schützt regelmäßiger Fischverzehr sogar vor Darmkrebs. Last, but not least auch die Gelenke, einschließlich des großen Onkels mit seinen Zehen-Kumpanen, können von einem regelmäßigen Fischkonsum absahnen. Es gibt nämlich Hinweise darauf, dass Fischkonsum nicht nur klinische Symptome einer rheumatoiden Arthritis verbessert, sondern auch der Entstehung dieser Erkrankung entgegenwirkt.

Mein Einkaufstipp: Sie erkennen frischen Fisch an seiner metallisch schimmernden Haut und festen Schuppen. Die Augen sind prall, klar und nach vorne gewölbt, die Kiemen haben eine hellrote Farbe, und der Fisch riecht angenehm und nur leicht nach Meer. Sein Fleisch ist fest, was Sie mit dem Fingertest prüfen können: Drücken Sie Ihren Finger in das Fleisch, wenn Sie ihn wieder wegnehmen, muss sich die Druckstelle sofort wieder zurückformen. Bleibt eine Druckstelle, liegt der Fisch schon länger. Auch bei frischem Fischzuschnitt sollte das Fleisch fest sein.

Finger weg vom Fisch, ...

- wenn dem angeblich »frischen« Fisch die Augen entfernt wurden oder wenn die Augen trüb bzw. milchig sind.
- wenn sich die Schuppen leicht lösen.
- wenn die Haut blass ist und die Kiemen dunkelrot bis braun sind.
- wenn der Fisch fischig riecht.
- wenn der frische Fisch nicht ausreichend mit Eis bedeckt ist.
- wenn sich im Beutel bei tiefgefrorenen Produkten Schnee gebildet hat.

Tipps für gutes Gelingen: Spülen Sie den Fisch vor der Verarbeitung unter fließendem, kaltem Wasser ab. Beträufeln Sie ihn dann mit etwas Zitronensaft, dieser macht das Fleisch fester. Zum Braten eignen sich ganze Fische oder Fischfilets mit Haut, denn sie zerfallen beim Braten nicht.

Fleisch – ein Stück Lebenskraft.

Fleisch ist ein sehr hochwertiges Lebensmittel. Das darin enthaltene Eiweiß ist biologisch sehr wertvoll, was bedeutet, dass der Körper daraus sehr effizient eigenes Körpereiweiß wie Muskeln bilden kann. Es ist außerdem ein guter Lieferant für die Vitamine B_{12} und B_1. Von den Mineralstoffen her zeichnet sich vor allem rotes Fleisch wie Rind, Lamm, Schwein oder Kalb durch seinen hohen Gehalt an gut verfügbarem Zink, Eisen und Kalium aus. Weiterhin stecken noch nennenswerte Mengen an Magnesium, Chrom und Kupfer in diesem Lebensmittel. Im Gegensatz zur landläufigen Meinung besteht Fleischfett nicht überwiegend aus gesättigten Fettsäuren, die immer noch mit einem negativen Image behaftet sind und für die Entstehung von Herz-Kreislauf-Erkrankungen verantwortlich gemacht werden (was aber mittlerweile mehrfach widerlegt wurde). Über die Hälfte des Fleischfettes besteht aus einfach und mehrfach ungesättigten Fettsäuren. Beide haben eine protektive Wirkung auf das Herz und die Gefäße. Fleisch von Wiederkäuern enthält sogar nennenswerte Mengen der konjugierten Linolsäure, der herzschützende und krebshemmende Eigenschaften nachgesagt werden. In Bio- und Wildfleisch stecken auch noch nennenswerte Mengen an Omega-3-Fettsäuren, die sonst überwiegend in fettem Fisch enthalten sind.

Kann Fleischeslust Sünde sein? Sicherlich haben Sie schon öfter mal gelesen, dass der häufige Genuss von rotem Fleisch das Darmkrebsrisiko erhöht. Die Datenlage hierfür ist aber alles andere als einheitlich. Die derzeit verfügbaren Daten aus Beobachtungsstudien reichen nicht aus, um Fleisch als Darmkrebsverursacher zu verurteilen. Bei der Darmkrebsentstehung spielen noch andere Faktoren eine Rolle. Wissenschaftler haben beispielsweise beobachtet, dass Personen, die viel rotes und verarbeitetes Fleisch essen, häufig auch mehr Gewicht auf die Waage bringen, eher rauchen, sich weniger bewegen, mehr Alkohol trinken und weniger Obst und Gemüse essen. Auch der Einfluss anderer Nahrungskomponenten auf das Darmkrebsrisiko werden in den Ergebnissen der EPIC-Studie, der größten durchgeführten Beobachtungsstudie Europas, widergespiegelt: Als die Forscher überprüften, wie hoch das Risiko ist, wenn Fleischesser routinemäßig auch viel Fisch und viele Ballaststoffe essen, fand man: kein Risiko durch Fleisch!

Fleisch richtig vor- und zubereiten: Beim Brutzeln von Fleisch entfaltet sich ein appetitanregendes Aroma, das durch die Verzuckerung von Proteinen im Fleisch und Fisch entsteht. Genau diese Kruste ist bei vielen Menschen besonders beliebt. Neben Aromastoffen stecken in ihr auch unerwünschte, »krebserregende« Substanzen. Es ist zwar nicht klar, ob diese Stoffe beim Menschen auch Darmkrebs verursachen können. Wer aber auf Nummer sicher gehen will, sollte folgende Tipps in Sachen Fleischzubereitung befolgen, um Problemstoffe, die beim scharfen Anbraten oder Grillen entstehen, zu reduzieren.

Marinaden – zartmachendes Gegengift! Marianden aus Rosmarin, Senf, Kurkuma, Bier oder Rotwein machen das Fleisch schön zart und können die Bildung krebserregender Stoffe um über 80 Prozent reduzieren.

Rotes Fleisch bitte nicht zu Schuhsohlen braten! Studien haben gezeigt, dass die Konzentration krebserregender Stoffe in Kurzgebratenem deutlich niedriger ist. Braten Sie das Fleisch deshalb medium an und nicht bis zur Konsistenz einer Schuhsohle. Wer das Fleisch dennoch zu lange angebraten hat, der sollte schwarze Stellen abschneiden.

Immer Gemüse zum Fleisch essen! Das richtige Verhältnis von Gemüse und Fleisch in einer Mahlzeit hat einen krebsschützenden Effekt. Gemüse, vor allem Kohlgemüse wie Brokkoli, enthält biologisch aktive Pflanzenstoffe mit antioxidativer Wirkung. Diese Stoffe schützen bzw. aktivieren das eigene enzymatische Entgiftungssystem und können so krebserregende Stoffe unschädlich machen. Joghurt kann dies im Übrigen auch! Ein leckeres Zaziki oder ein Knoblauch-Joghurt-Dip zum Fleisch ist somit eine gesunde Sache und absolut LOGIsch!

Einkaufstipps: Sie erkennen frisches, qualitativ gutes Fleisch an seiner Färbung. Rindfleisch sollte saftig rot sein, Schweinefleisch rosa, Geflügel hellrosa. Das Fleisch sollte fest und glatt sein. Fleisch, das schon länger gelagert wurde, hat einen ins Bräunliche gehenden Ton und weist Druckstellen auf.

Nüsse – harte Schale, gesunder Kern.

Nüsse sind richtig gesund und dürfen deswegen bei LOGI auf keinen Fall fehlen. Sie bestehen zu 50 bis 70 Prozent aus Fett, und zwar überwiegend aus hochwertigen, einfach ungesättigten Fettsäuren. Exzellent ist die Fettqualität der Walnuss: Sie ist reich an Omega-3-Fettsäuren und hat ein ausgezeichnetes Verhältnis von Omega-3- zu Omega-6-Fettsäuren. Nüsse enthalten außerdem hochwertige Eiweiße.

Nüsse können das Herz-Kreislauf-System schützen. Das verdanken sie zum einen der Aminosäure Arginin, zum anderen ihrem hohen Anteil an Ballaststoffen und hochwertigen Fettsäuren. Darüber hinaus protzen Nüsse nur so mit zellschützendem Vitamin E. Und sie enthalten die Vitamine Folsäure und Niacin, außerdem Magnesium, Kalium und Kupfer. Nüsse sind also wahre Kraftpakete.

Nüsse sind keine Dickmacher. Nüsse sind mit durchschnittlich 600 Kilokalorien auf 100 Gramm richtige Energiebomben. Dennoch fällt dies nicht ins »Gewicht«! Bisher konnte in Studien der Nachweis, dass Nusskonsum dick macht, nicht erbracht werden. Aus Beobachtungsstudien geht sogar hervor, dass Nussesser weniger wiegen als Nicht-Nussesser.

Vier Gründe, warum Nusskonsum nicht ins »Gewicht« fällt

1. Etwa 10 bis 15 Prozent der aufgenommen Kalorien aus Nüssen verlassen den Verdauungstrakt schnurstracks wieder über den Stuhl. Das liegt daran, dass Zellwände des Nussgewebes, welche durch das Kauen nicht zerstört wurden, durch Verdauungsenzyme nicht aufgespalten werden können. Die darin enthaltenen Nährstoffe wie Fett und Eiweiß stehen somit nicht als Energiequelle zur Verfügung, wodurch sie unverbraucht ausgeschieden werden.

2. Es gibt Hinweise darauf, dass Nüsse den Grundumsatz und die Wärmeabgabe um circa zehn Prozent erhöhen können. Verantwortlich dafür sind vermutlich das darin enthaltene Eiweiß und die ungesättigten Fettsäuren. Beide scheinen den Stoffwechsel anzukurbeln.

3. Die gute sättigende Wirkung wird als weiterer Grund für die figurfreundliche Wirkung von Nüssen gehandelt. Dadurch essen Sie weniger.

4. Zudem müssen Nüsse gut gekaut werden. In Testungen fand man heraus, dass je länger auf der Nuss herumgekaut wird, desto höher der Anteil appetithemmender Hormone im Blut.

DAS LOGI-EINMALEINS: LEBENSMITTELFAKTEN

Meine Einkaufstipps: Sehen Sie sich jede Nuss vor dem Verzehr genau an, denn Nüsse können durch falsche Lagerung oder Verpackung schnell zu gefährlichen Schimmelpilzträgern werden. Dadurch wird die gesunde Nuss zu einem hochgiftigen Lebensmittel, das nicht nur Darmverstimmungen, sondern auch Krebs hervorrufen kann. Machen Sie beim Kauf von ganzen Nüssen in der Schale den Schütteltest: Hören Sie ein Klappern, ist die Nuss eingetrocknet und nicht mehr genießbar. In Plastikverpackungen können Nüsse eher schimmeln, da sich schneller Feuchtigkeit bildet. Wenn das Fett ranzig geworden ist, glänzen die Nüsse. Kaufen Sie »schön« glänzende Nüsse lieber nicht, und auch keine Nüsse mit schwarzen Flecken auf der Schale, das ist ebenfalls ein Zeichen für Schimmelbefall.

Eier – Freispruch für das gesunde Naturprodukt.

Schaut man sich die inneren Werte eines Eies genauer an, versteht man auch seine Bedeutung als Fruchtbarkeitssymbol. Kein anderes Lebensmittel ist so »vollständig« wie das Ei. Es liefert gerade mal 100 Kilokalorien, reichlich hochwertiges Eiweiß, gesunde Fette sowie fast alle Vitamine und Mineralstoffe. Eben alles, was es braucht, um daraus Leben entstehen zu lassen. Dennoch wird uns seit Jahrzehnten eingehämmert, dass Eier schlecht fürs Herz sind. Sie gehören zu den Lebensmitteln mit dem höchsten Cholesteringehalt und Cholesterin verstopft ja bekanntlich die Arterien.

Ein Ei liefert 210 Milligramm Cholesterin. Folgen wir den offiziellen Ernährungsempfehlungen, sollte bei 300 Milligramm Cholesterin pro Tag Schluss sein. Für ein zweites Ei wäre somit kein Platz mehr im Bauch. Die gute Nachricht: Diese Empfehlung ist Schnee von gestern und wurde bereits mehrfach Metaanalysen von Langzeitbeobachtungsstudien widerlegt. Das Ergebnis: null Risiko »fürs Herz« durch Eierkonsum. Für das Hirn zeigt sich im Trend sogar ein Schutzeffekt. Nur Diabetiker und Menschen mit Insulinresistenz müssen möglicherweise etwas maßvoller mit den Eiern umgehen, es sei denn, sie ernähren sich kohlenhydratarm. Dann kommt es nämlich zu einem Anstieg des gefäßschützenden HDL-Cholesterins sowie zu einer Verbesserung der Insulinsensitivität. Eine weitere gute Nachricht gibt es für alle Abnehmwilligen: Wer Hüftspeck loswerden will, sollte ebenfalls sorglos Eier essen. Das darin enthaltene Eiweiß macht lange satt, bremst Heißhungerattacken aus und aktiviert den Stoffwechsel.

Mein Küchentipp: Machen Sie mit Eiern einen Frischetest, zum Beispiel den Schwimmtest. Legen Sie das Ei in ein Glas mit kaltem Wasser. Ist das Ei frisch, bleibt es unten liegen. Je älter das Ei ist, desto größer wird seine Luftkammer, darum wandert es im Wasserglas Richtung Oberfläche. Oder machen Sie den Schütteltest: Wenn Sie beim Schütteln des Eies ein gluckerndes Geräusch hören, ist das ein Zeichen für ein altes Ei – wegen der vergrößerten Luftkammer. Auch der Eidotter-Test gibt Auskunft über die Frische. Schlagen Sie das Ei auf und lassen Sie es auf einen Teller oder in eine Schüssel gleiten. Wenn der Eidotter schön gewölbt ist, in der Mitte bleibt und sich klar vom Eiklar abtrennt, ist das Ei frisch. Flache Eidotter sind ein Zeichen für alte Eier.

Mein Einkaufstipp: Achten Sie darauf, dass die Eier unversehrt und nicht verschmutzt sind. Am besten greifen Sie zu Eiern der Güteklasse A, diese haben die beste Qualität. Eier mit der Kennzeichnung »DE« stammen aus Deutschland und entsprechen einem von der EU-Kommission anerkannten Hygienecodex.

Vor der Länderkennzeichnung wird noch eine Ziffer auf jedes Ei gedruckt. Diese erste Ziffer gibt Aufschluss über das Haltungssystem, aus dem das Ei stammt: »0« steht für ökologische Erzeugung, »1« für Freilandhaltung, »2« für Bodenhaltung und die Ziffer »3« für Käfighaltung. Bevorzugen Sie Eier aus ökologischer Erzeugung oder Freilandhaltung! Achten Sie außerdem auf das Mindesthaltbarkeitsdatum: Finger weg, wenn dieses fehlt.

Milch, die kann was.

Milchprodukte wie Joghurt, Quark, Käse und Milch dürfen in der LOGI-Ernährung nicht fehlen. Milch ist ein einzigartiges Nahrungsmittel, und es ist kein Zufall, dass darin alle notwendigen Nährstoffe zum Erhalt des Lebens eingebaut sind. Milcheiweiß ist sehr hochwertig und leicht verdaulich. Besonders beliebt ist es bei Sportlern. Milchprodukte enthalten nämlich die Aminosäure Leucin (Aminosäuren sind Bausteine der Eiweiße), die den Muskelaufbau stimuliert. Milch liefert zudem bioaktive Peptide, die blutdrucksenkend, immunstärkend, entzündungshemmend und schmerzlindernd wirken. Auch das Milchfett ist rundum gelungen. Es ist leicht verdaulich und so vielseitig wie kein anderes Fett. Milch verfügt weiterhin über eine ordentliche Portion an B-Vitaminen, Vitamin A und D sowie Kalzium, Magnesium, Zink, Phosphor und Kalium.

So umfangreich die inneren Werte der Milch sind, so vielfältig ist auch ihre Wirkung auf die Gesundheit:

■ Studien haben gezeigt, dass der tägliche Konsum von fettarmer Milch und Milchprodukten das Erinnerungsvermögen sowie die geistige Fitness verbessert und sogar das Risiko an Demenz zu erkranken mindert.

■ Milch beugt Herz-Kreislauf-Erkrankungen vor. Oft wird in der Laienpresse zwar genau das Gegenteil berichtet, nämlich, dass Milchfett und -kalzium Arteriosklerose fördern. Das ist allerdings Humbug! Sowohl Milchfett als auch Milchkalzium haben sich in Studien schon mehrfach als herzschützend herausgestellt.

■ Weiterhin haben Milchliebhaber ein deutlich geringeres Risiko an Diabetes erkranken als Milchverschmäher.

■ Milchfett schützt vor Bauchfett. Aber auch als Anti-Bauchfett-Waffe sind Milchprodukte im Rahmen einer kalorienreduzierten Diät wirksam.

■ Milch, aber vor allem Joghurtverzehr, senkt das Risiko, an Darmkrebs zu erkranken. Dies ist unter anderem ein Verdienst des Milchkalziums.

■ Zwar machen Milchgegner einen hohen Milchkonsum für die Entstehung von Osteoporose verantwortlich. Fakt ist aber, dass Milchkonsum einen klaren Vorteil in Sachen Knochenschutz bietet. Und je früher man auf eine ausreichende Versorgung mit Kalzium achtet, also schon im Kindesalter, desto geringer ist das Osteoporoserisiko im Alter.

DAS LOGI-EINMALEINS:
LEBENSMITTELFAKTEN

LOGI erlaubt Vollfett-Stufen. Fettarme oder fettfreie Milchprodukte machen sicherlich Sinn, wenn Sie nach dem Krafttraining verzehrt werden. Die darin enthaltenen Aminosäuren gelangen in der »mageren Variante« schneller in die Muskulatur. Außerhalb des Sports dürfen Sie sich die vollfetten Milchprodukte schmecken lassen.

Meiden Sie gezuckerte Milchprodukte. Gezuckerte Milchprodukte wie Fruchtjoghurts oder Joghurtdrinks enthalten reichlich Zucker und sollten durch naturbelassene Milchprodukte ersetzt werden.

Getränke – Wasser & Co.

In der LOGI-Pyramide zwar nicht abgebildet, aber ganz klar lebensnotwendig sind die Getränke. Zwei Liter Flüssigkeit sollten Sie täglich trinken, und zwar in Form von Mineralwasser und Kräuter- oder Früchtetee; bei sportlicher Betätigung wegen des Schweißverlustes sogar noch entsprechend mehr.

Vorsicht ist bei Obstsäften angezeigt: Wenn Sie den ganzen Tag Saft trinken, um den Flüssigkeitsbedarf zu stillen, nehmen Sie damit reichlich Kalorien und Zucker auf. Bereits zwei Gläser Apfelsaft entsprechen einer glykämischen Last von 20 – das ist ziemlich viel und hat zudem einen sehr geringen Sättigungseffekt. Essen Sie stattdessen lieber frische Früchte. Nur bei lang andauernder sportlicher Betätigung brauchen Sie eine gewisse Menge an Kohlenhydraten. Dann sind verdünnte Obstsäfte wie Apfelsaftschorle (1 Teil Saft und 3 oder 4 Teile Wasser) prima geeignet.

Limonaden sind in der gesunden Ernährung tabu. Verzichten Sie besser auf Limonaden und andere gezuckerte Getränke. Dabei handelt es sich um wahre Zuckerbomben, die weder lebenswichtige Nährstoffe noch irgendwelche gesunden Begleitstoffe liefern. Die stark gezuckerten Getränke belasten die Bauchspeicheldrüse und verhindern das Abnehmen.

Mit Alkohol sollten Sie Ihren täglichen Flüssigkeitsbedarf natürlich auch nicht decken. Alkohol ist ein Genussmittel und als solches sollten Sie ihn auch in Ihre Ernährung einbauen. Zum Essen hin und wieder ein Gläschen Wein oder Bier zu trinken, ist eine erlaubte Gaumenfreude. Doch zu viel Alkohol wirkt sich negativ auf die Fettverbrennung aus.

DIE REZEPTE.

Noch mehr Ideen und Anregungen für eine gesunde Ernährung nach der LOGI-Methode.

ACE-Booster. 150 g Buttermilch. 50 ml Karottensaft. 50 ml frisch gepresster Orangensaft. 50 g Banane. Frisch gepresster Saft von 1 Zitrone. 1 TL Walnussöl.

Alle Zutaten im Mixer oder mit dem Pürierstab gut verrühren.

 Birne-Kefir-Shake. 1 reife, weiche Birne. 150 g Kefir. 40 ml Milch. 1 TL Sanddornsaft.

Die Birne waschen, schälen und in Würfel schneiden. Mit Kefir, Milch und Sanddornsaft im Mixer oder mit dem Pürierstab fein pürieren.

Soja-Beeren-Schale. 150 g Sojagurt, natur. ½ TL Honig. 1 EL Mineralwasser. 200 g gemischte Beeren. 1 EL Kokosflocken. 1 EL Sojaflocken.

Den Sojagurt mit Honig und Mineralwasser cremig rühren. Die Beeren verlesen, kurz mit Wasser abbrausen und in einem Sieb abtropfen lassen. Die Blütenkelche entfernen und große Beeren halbieren.

Die Beeren vorsichtig unter den Joghurt ziehen, mit Sojaflocken und Kokosflocken bestreuen.

Die Shakes und Drinks dieser Seite schmecken nicht nur zum Frühstück: Die leicht gesüßten Drinks mit Früchten und Milchprodukten können Sie sich auch als sättigende Zwischenmahlzeit gönnen. Oder um Süßgelüste zu stillen... Je nach Jahreszeit und Vorlieben können Sie die Früchte auch variieren.

1 Portion ACE-Booster: ca. 207 kcal, 7 g Eiweiß (13E%), 6 g Fett (27E%), 27 g Kohlenhydrate (53E%). Dieser Shake liefert nur 58 kcal pro 100 g.

1 Portion Birne-Kefir-Shake: ca. 194 kcal, 7 g Eiweiß (15E%), 7 g Fett (33E%), 26 g Kohlenhydrate (52E%). Dieser Shake liefert nur 54 kcal pro 100 g.

1 Portion Soja-Beeren-Schale: ca. 284 kcal, 18 g Eiweiß (24E%), 15 g Fett (46E%), 20 g Kohlenhydrate (30E%). Dieses Frühstück liefert nur 73 kcal pro 100 g.

IDEEN FÜR
DAS FRÜHSTÜCK

Früchte-Nuss-Müsli. ½ große Grapefruit. ½ Orange. 100 g Mango. 100 g Papaya. 400 g Naturjoghurt. 1 EL Mandelblättchen. 1 EL gehobelte Haselnüsse. 1 EL Kokosflocken.

Grapefruit und Orange mit der weißen Haut schälen, die Grapefruit in Würfel schneiden, die Orange filetieren. Mango und Papaya schälen, vom Kern bzw. den Kernchen befreien und die Früchte in Würfel schneiden. Joghurt mit Grapefruit, Orangen, Mango und Papaya mischen. Mandelblättchen und Haselnüsse in einer beschichteten Pfanne ohne Fett rösten. Die Kokosflocken zugeben und noch kurz mitrösten. Den Früchte-Joghurt damit bestreuen.

 **Apfel-Birne-Müsli mit Sprossen.** ½ säuerlicher Apfel, z. B. Braeburn. ½ Birne. 200 g Vollmilchjoghurt. 1 EL Mineralwasser. 30 g Rettichsprossen. 2 TL Sojaflocken. ½ TL Honig.

Den Apfel und die Birne waschen, in Scheiben schneiden und auf einem Teller anrichten. Den Joghurt mit Mineralwasser cremig rühren und auf die Früchte gießen. Die Sprossen waschen, in einem Sieb trocken schütteln, auf den Quark streuen. Die Sojaflocken in einer Pfanne mit Honig rösten und das Müsli damit bestreuen.

Sie können statt Rettichsprossen auch Alfalfasprossen verwenden. Die übrigen Hälften von Apfel und Birne können Sie dazu oder als Zwischenmahlzeit essen; oder die Schnittflächen mit Zitronensaft beträufeln, luftdicht verpacken und bis zum nächsten Morgen kühl stellen.

 **Knusper-Quarkmüsli mit Orangen.** 2 Blutorangen. 50 g Quark (20% Fett). 100 g Vollmilchjoghurt. 2 EL frisch gepresster Orangensaft. 2 EL Mineralwasser. ½ TL Honig. 1 TL Sesam.

Die Orangen mit der weißen Haut schälen und filetieren oder fein würfeln. Den Quark mit Joghurt, Orangensaft, Mineralwasser und Honig cremig rühren. Die Orangenfilets vorsichtig unterheben. Den Sesam in einer Pfanne ohne Fett rösten und über den Orangenquark streuen.

1 Portion Früchte-Nuss-Müsli: ca. 314 kcal, 10 g Eiweiß (13E%), 17 g Fett (48E%), 27 g Kohlenhydrate (35E%). Dieses Frühstück liefert nur 73 kcal pro 100 g.

1 Portion Apfel-Birne-Müsli: ca. 230 kcal, 11 g Eiweiß (19E%), 8 g Fett (32E%), 28 g Kohlenhydrate (49E%). Dieses Frühstück liefert nur 59 kcal pro 100 g.

1 Portion Knusper-Quarkmüsli mit Orangen: ca. 308 kcal, 15 g Eiweiß (19E%), 9 g Fett (26E%), 42 g Kohlenhydrate (55E%). Dieses Frühstück liefert nur 62 kcal pro 100 g.

IDEEN FÜR
DAS FRÜHSTÜCK

Kokoscreme mit Ananas und Kokoschips. 350 g Ananas (frisch oder ungezuckert aus der Dose). 200 g Naturjoghurt. 1 EL Kokoscreme. 25 g Kokosflocken. 2 EL Ananassaft (ungezuckert).

6 Ananaswürfel zum Garnieren beiseitelegen, die anderen Ananaswürfel auf zwei Glasschälchen verteilen. Joghurt mit Kokoscreme, Kokosflocken und Ananassaft verrühren. Über die Ananaswürfelchen gießen und mit Ananas garnieren.

Apfelschaum mit Knusperflocken. 3 kleine, säuerliche Äpfel, z. B. Cox Orange. 75 ml Wasser. Etwas Zitronensaft. 1½ TL Honig. 1 EL Sojaflocken. 2 Eiweiße. 2 EL Naturjoghurt. 2 TL Getreideflocken.

2 Äpfel waschen, trocken tupfen, den Stiel entfernen und die ungeschälten Äpfel vierteln. Das Wasser mit Zitronensaft und 1 TL Honig in einem kleinen Topf erhitzen, die Apfelviertel darin etwa 10 Minuten kochen. Anschließend durch ein Sieb passieren oder durch die Kartoffelpresse drücken. Kalt stellen. Die Sojaflocken mit ½ TL Honig in einer Pfanne ohne Fett rösten. Den Joghurt unter den Apfelbrei mischen. Die Eiweiße steif schlagen und vorsichtig unterheben. Den dritten Apfel waschen, halbieren, das Kerngehäuse heraus schneiden und den Apfel in dünne Scheiben oder Würfelchen schneiden. Den Apfelschaum mit Apfelstückchen und Sojaflocken bestreuen.

▌▐▐ *Sie können das Apfelmus auch mit Zimt oder Vanillemark würzen.*

Gebackene Eier mit Speck in Tomaten. 2 Fleischtomaten. 2 Eier. 2 EL Milch. 3 TL Schnittlauchröllchen. ½ TL Butter. 30 g gewürfelter Speck. Nach Geschmack Salz und Pfeffer.

Den Backofen auf 200° (Umluft 180°) vorheizen. Die Tomaten waschen, trocken tupfen, einen »Deckel« abschneiden und den Stielansatz entfernen. Die Tomaten leicht aushöhlen und in eine Souffléform setzen. Die Eier mit der Milch verquirlen, mit Salz, Pfeffer und 2 TL Schnittlauchröllchen würzen. In einer beschichteten Pfanne die Butter erhitzen, den Speck darin kurz anbraten und anschließend in die Eiermasse rühren. Die Tomaten mit der Eiermasse füllen und im Backofen (Mitte) etwa 15 Minuten backen. Mit dem restlichen Schnittlauch bestreuen und servieren.

1 Portion Kokoscreme mit Ananas: ca. 341 kcal, 15 g Eiweiß (17E%), 17 g Fett (43E%), 34 g Kohlenhydrate (40E%). Dieses Frühstück liefert nur 90 kcal pro 100 g.

1 Portion Apfelschaum: ca. 200 kcal, 10 g Eiweiß (19E%), 4 g Fett (17E%), 33 g Kohlenhydrate (64E%). Dieses Frühstück liefert nur 66 kcal pro 100 g.

1 Portion gebackene Eier: ca. 186 kcal, 12 g Eiweiß (27E%), 13 g Fett (62E%), 5 g Kohlenhydrate (11E%). Dieses Frühstück liefert nur 77 kcal pro 100 g.

FÜR 2

Feldsalat mit gratiniertem Sesam-Ziegenkäse. 125 g Feldsalat. 125 g Ziegenkäse (Rolle). 1 TL Honig. 2 EL Sesam. 200 g Champignons. 1½ EL Olivenöl. 150 g Cocktail-Tomaten. 2 EL dunkler Balsamessig (Aceto balsamico). 1 TL Dijon-Senf. 2 EL Wasser. Nach Geschmack Salz und Pfeffer aus der Mühle.

Den Backofen auf 180° (Oberhitze) vorheizen. Den Feldsalat waschen und auf zwei Tellern anrichten. Den Ziegenkäse in 2 cm dicke Scheiben schneiden, beidseitig mit Honig bepinseln und im Sesam wenden.

Die Ziegenkäse-Taler auf einem mit Backpapier belegten Blech im Backofen backen, bis der Käse zu zerlaufen beginnt.

Die Champignons trocken abreiben und in feine Scheiben schneiden. 1 TL Öl in einer Pfanne erhitzen, die Champignons darin andunsten. Mit Salz und Pfeffer würzen.

Die Tomaten waschen, halbieren und zusammen mit den Champignons und den Ziegenkäse-Talern auf dem Feldsalat anrichten.

Für die Vinaigrette den Essig und 1 Messerspitze Salz verrühren. Dijon-Senf und Öl unterschlagen. Wenn das Dressing zu dickflüssig ist, mit etwas Wasser verdünnen. Den Salat mit der Vinaigrette beträufeln, eventuell am Tisch mit Salz und Pfeffer würzen.

TIPP

Verrühren Sie Essig und Gewürze mit einem Milchaufschäumer, das Dressing wird dann schön cremig.

INFO / INFORM

Der Genuss von Ziegenkäse hat in Frankreich eine lange Tradition. Noch heute wird dort die größte Vielfalt an Geschmacksrichtungen, Formen und Reifestadien angeboten. Heißer Ziegenkäse, »chevre chaud«, ist in Frankreich sehr beliebt, die Kombination mit Feldsalat ist klassisch. Im Supermarkt wird französischer Ziegenkäse sowohl an der Käsetheke wie auch im Kühlregal als Rolle angeboten. Diese eignet sich besonders gut für dieses Rezept.

1 Portion Feldsalat mit Ziegenkäse: ca. 348 kcal, 17 g Eiweiß (21E%), 27 g Fett (69E%), 8 g Kohlenhydrate (10E%). Dieses leichte Hauptgericht liefert nur 99 kcal pro 100 g.

SALATE:
GRÜN NACH LOGI

Apfel-Chicorée-Salat. 200 g Chicorée. 2 kleine Äpfel, z. B. Braeburn. 1 EL Walnusskerne. 1 EL Sherry-Essig. 1 EL Orangensaft. 3 EL saure Sahne. Nach Geschmack Salz und Pfeffer.

Den Chicorée waschen, halbieren, den festen Stielansatz entfernen und den Chicorée in Streifen schneiden. Die Äpfel schälen, vierteln, entkernen und in Scheiben schneiden. Die Walnusskerne hacken.

Essig, Salz, Pfeffer und den Orangensaft mischen. Mit der sauren Sahne zu einem glatten Dressing verrühren. Chicorée, Äpfel und gehackte Walnüsse mischen und diesen Salat mit dem Dressing beträufeln.

 Spargelsalat mit Erdbeeren und Rucola. Insgesamt 300 g weißer und grüner Spargel. 2 EL Himbeeressig. 1 EL Walnussöl. ½ TL Akazienhonig. Ein paar Minzeblättchen. 150 g Erdbeeren. 125 g Rucola. Nach Geschmack Salz und rosa Pfeffer.

Den weißen Spargel vollständig, den grünen nur im unteren Drittel schälen. In Salzwasser mit etwas Zucker in 8–10 Minuten (grün) bzw. 15–20 Minuten (weiß) bissfest garen. Herausheben und abtropfen lassen.

Inzwischen Essig, Öl, Honig und 1 EL Spargelkochwasser verrühren. Die Minzeblättchen waschen, trocken tupfen und fein hacken. In das Dressing rühren.

Die Erdbeeren vorsichtig waschen, trocken tupfen, entkelchen und in Scheiben schneiden. Den Rucola verlesen, waschen, trocken schleudern und auf zwei Tellern anrichten. Den Spargel und die Erdbeeren dekorativ darauf anrichten, mit dem Dressing beträufeln. Nach Geschmack salzen und mit rosa Pfeffer bestreuen.

Soll es etwas Besonderes sein? Zu diesem Mai-Salat passt gebratene Entenbrust.

Machen Sie vor dem Kauf den Frischetest: Der Spargel sollte glatte Schnittflächen haben. Beim Zusammendrücken derselben sollte Saft austreten. Der Spargel darf nicht säuerlich riechen und die Stangen sollten so knackig sein, dass sie beim Biegen sofort durchbrechen.

1 Portion Apfel-Chicorée-Salat: ca. 182 kcal, 4 g Eiweiß (9E%), 9 g Fett (45E%), 22 g Kohlenhydrate (46E%). Dieser Salat liefert nur 65 kcal pro 100 g.

1 Portion Spargelsalat: ca. 122 kcal, 6 g Eiweiß (18E%), 7 g Fett (49E%), 10 g Kohlenhydrate (33E%). Dieser Salat liefert nur 39 kcal pro 100 g.

SALATE:
GRÜN NACH LOGI

Scharfer Orangensalat nach sizilianischer Art. 3 Orangen, vorzugsweise Blutorangen. 1 rote Zwiebel. 2 EL schwarze Oliven mit Stein. 2 EL Olivenöl. Nach Geschmack Salz, bunter Pfeffer aus der Mühle und 1 kleine rote Chilischote.

Die Orangen mit der weißen Haut schälen und filetieren. Die Filets auf zwei Tellern anrichten.

Die Zwiebel abziehen und in Ringe schneiden. Die Oliven entsteinen und halbieren. Beides über die Orangen streuen. Eventuell 1 kleine Chili waschen, entkernen, in feine Ringe schneiden und ebenfalls darüber streuen.

Den Orangensalat mit Salz und Pfeffer würzen und mit dem Öl beträufeln.

TIPP *Sardellen passen sehr gut zu diesem Orangensalat.*

Italienischer Bohnensalat. 500 g grüne Bohnen. 150 g Cocktail-Tomaten. 50 g getrocknete Tomaten in Öl. 25 g schwarze Oliven mit Stein. 80 g Fetakäse. 2 EL Olivenöl. Nach Geschmack Salz, Pfeffer aus der Mühle und dunkler Balsamessig (Aceto balsamico).

Die Bohnen putzen, waschen und in reichlich Salzwasser in 10–12 Minuten bissfest kochen. Die Bohnen in einem Sieb gut abtropfen und etwas abkühlen lassen.

In der Zwischenzeit die Cocktail-Tomaten waschen und halbieren. Die getrockneten Tomaten abtropfen lassen und in feine Streifen schneiden. Die Oliven entsteinen und vierteln. Den Feta würfeln.

Die Bohnen mit Tomaten, Oliven, Feta und dem Öl gut mischen. Mit Salz, Pfeffer und Essig abschmecken.

 Achtung – grüne Bohnen niemals roh verzehren! Sie enthalten einen Giftstoff, das Phasin, das erst durch längeres Kochen – mindestens 10 Minuten – unschädlich gemacht wird.

1 Portion Orangensalat: ca. 255 kcal, 6 g Eiweiß (8E%), 16 g Fett (56E%), 23 g Kohlenhydrate (36E%). Dieser Salat liefert nur 92 kcal pro 100 g.

1 Portion italienischer Bohnensalat: ca. 328 kcal, 14 g Eiweiß (18E%), 25 g Fett (67E%), 12 g Kohlenhydrate (15E%). Dieses Gericht liefert nur 82 kcal pro 100 g.

FÜR 2

Rote-Bete-Carpaccio auf Rucola. 400 g Rote Bete (ersatzweise auch vorgekocht und abgepackt). 70 g Rucola. 10 g Pinien-kerne. 1–2 EL dunkler Balsamessig (Aceto balsamico). 1 EL Olivenöl. 1 TL Dijon-Senf. 40 g Parmesan. Nach Geschmack Salz und schwarzer Pfeffer aus der Mühle.

Die Rote Bete in reichlich Salzwasser etwa 1 Stunde kochen. Anschließend herausnehmen, abkühlen lassen und in ganz dünne Scheiben schneiden.

Den Rucola waschen, trocken schleudern und auf einem großen Teller verteilen. Die Rote-Bete-Scheiben darauf dachziegelartig anrichten und mit Salz und Pfeffer würzen.

Die Pinienkerne in einer beschichteten Pfanne ohne Fett rösten. Das Rote-Bete-Carpaccio gleichmäßig damit bestreuen. Den Parmesan grob raspeln und ebenfalls darüber streuen.

Den Essig mit einer Prise Salz vermengen und mit dem Mixer, wahlweise auch mit dem Milchaufschäumer, cremig rühren. Öl und Dijon-Senf zugeben und rühren, bis das Dres-sing eine sämige Konsistenz bekommt. Ist das Dressing zu dickflüssig, noch etwas Wasser zugeben. Das Dressing über den Salat träufeln.

INFO *Die vitamin- und mineralienreiche Rote Bete wird ganzjährig angeboten. Die lange Garzeit von einer Stunde können Sie auf 20 Minuten verkürzen, indem Sie sie im Dampfdruckkochtopf garen. Schrecken Sie sie nach dem Kochen kurz mit kaltem Wasser ab, dann lässt sich Rote Bete leicht schälen.*

1 Portion Rote-Bete-Carpaccio auf Rucola: ca. 227 kcal, 11 g Eiweiß (20E%), 16 g Fett (62E%), 10 g Kohlen-hydrate (18E%). Dieser Salat liefert nur 100 kcal pro 100 g.

SALATE:
GRÜN NACH LOGI

FÜR 2

Gebratene Austernpilze mit Avocado auf Blattsalat. 300 g Austernpilze. 1 Ei. 40 g gemahlene Haselnüsse. 2 EL Rapsöl. ½ Avocado. 200 g Tomaten. 150 g Blattsalat, z.B. Lollo Rosso. 3 EL Balsamico-Dressing (Rezept Seite 85). 1 Scheibe Vollkornbaguette.

Die Austernpilze putzen und halbieren bzw. vierteln. Das Ei verquirlen. Die glatte Oberseite der Austernpilze damit dünn bestreichen und in die gemahlenen Haselnüsse tauchen.

Das Öl in einer beschichteten Pfanne erhitzen und die Austernpilze zuerst auf der Nuss-Seite braten, dann wenden und auf der Unterseite braten. Garen bis sie leicht gebräunt sind.

Währenddessen die Avocado längs halbieren, den Kern entfernen, das Fruchtfleisch schälen und in Scheiben schneiden. Die Tomaten waschen, vom Stielansatz befreien und klein würfeln.

Den Salat waschen, trocken schleudern und auf einem Teller anrichten. Avocadoscheiben, Tomatenwürfel und die gebratenen Austernpilze darüber verteilen. Mit Salz und Pfeffer würzen.

Das Balsamico-Dressing darüber träufeln. Dazu können Sie je 30 g Vollkornbaguette essen, da das Gericht eine sehr niedrige glykämische Last hat.

Noch schneller ist das Gericht zubereitet, wenn Sie auf die Nuss-Panade der Pilze verzichten.

1 Portion gebratene Austernpilze: ca. 521 kcal, 13 g Eiweiß (11E%), 41 g Fett (69E%), 31 g Kohlenhydrate (20E%). Dieses leichte Hauptgericht liefert nur 109 kcal pro 100 g.

SALATE:
GRÜN NACH LOGI

Die Artischocke ist ein tolles Gemüse. Sie ist nicht nur gesund und erleichtert die Fettverdauung, sondern liefert darüber hinaus ein tolles mediterranes Aroma. Und sie ist vielfältig in ihrer Anwendung: Man kann sie roh oder gekocht, im Ganzen oder auch nur das Artischockenherz essen. Die größte Herausforderung scheint, dieses Herzstück herauszuschneiden – hört sich kompliziert an, ist aber ganz einfach. Mein Tipp: Die Artischockenherzen immer gleich mit Zitronensaft beträufeln, da sie sonst schnell schwarz werden.

Artischocken-Fenchel-Salat mit Knusper-Garnelen.  3 große Artischocken. 2 Fenchelknollen. 2 Zweige Basilikum. Saft und abgeriebene Schale von ½ Zitrone. 2 EL Olivenöl. 1 EL Pinienkerne. 1 EL weißer Balsamessig (Balsamico bianco). 1 EL Nussöl. 12 große Riesengarnelen, küchenfertig. 1 TL dunkler Balsamessig (Aceto balsamico). 2 TL Stärke. 2 TL Kichererbsenmehl. 6 cl Weißwein. 1 Eiweiß. 50 g Eiswürfel, zu Eiswasser geschmolzen. Etwa 100 ml Rapsöl zum Ausbacken. Nach Geschmack Salz und Pfeffer.

Die Artischockenböden mit einem scharfen Messer von den äußeren Blättern befreien, bis der Boden sauber sichtbar ist. Mit einem Kugelausstecher das Stroh der Artischockenböden ausstechen. Den Fenchel putzen und waschen. Die Basilikumblättchen abzupfen, einige Blättchen zum Garnieren beiseitelegen und die übrigen in feine Streifen schneiden.

Den geputzten Artischockenboden und den Fenchel dünn hobeln. Mit Zitronensaft und -schale, Olivenöl, Pinienkernen, Basilikum, weißem Balsamessig, Salz und Pfeffer mischen, mit Nussöl verfeinern und 20 Minuten zugedeckt marinieren.

Für den Knusperteig Stärke und Kichererbsenmehl mischen. Mit Weißwein, dem Eiweiß und den geschmolzenen Eiswürfeln zu einem dickflüssigen Teig verrühren. Die Garnelen waschen, trocken tupfen und, falls noch vorhanden, den schwarzen Darm entfernen.

Das Rapsöl im Wok oder einer tiefen, großen Pfanne erhitzen bis es raucht. Die Garnelen durch den Ausbackteig ziehen und bei etwa 160° in Fett schwimmend kross anbraten. Auf Küchenpapier leicht entfetten.

Auf vier Tellern den Artischocken-Fenchel-Salat mit je 3 Knusper-Garnelen anrichten. Den Teller mit dunklem Balsamessig verzieren und mit Basilikumspitzen garnieren.

1 Portion Artischocken-Fenchel-Salat mit Garnelen: ca. 421 kcal, 30 g Eiweiß (30E%), 25 g Fett (53E%), 17 g Kohlenhydrate (17E%). Dieses Hauptgericht liefert nur 81 kcal pro 100 g.

Fruchtsalat mit Sprossen. 2 Orangen. 2 rosa Grapefruits. 1 EL frisch geriebener Ingwer. 1 TL Honig. 1 kleine Chilischote. 1 unbehandelte Zitrone. 2 Kiwis. 1 Papaya. 1 Schale Erdbeeren. 1 rote Paprika. 2 Schalen Alfalfasprossen. 1 Schale Erbsensprossen. 1 Bund Zitronenmelisse.

Die Orangen und Grapefruits schälen und auspressen. Die Zitrone heiß waschen, die Schale abreiben und den Saft auspressen. Den Orangen-Grapefruitsaft mit dem fein geriebenen Ingwer, Honig, fein gehackter Chilischote und Zitronenschale mischen. Mit Zitronensaft abschmecken. Die Kiwis und die Papaya schälen, die Papaya entkernen und die Früchte in Scheiben schneiden. Die Erdbeeren waschen, abtropfen lassen und die Blütenkelche entfernen. Die Beeren halbieren oder vierteln. Die Paprika waschen, putzen und in Rauten schneiden. Früchte und Paprika vorsichtig mischen, das Orangendressing unterheben. Alle Sprossen in einem Sieb abbrausen und abtropfen lassen. Die Zitronenmelisse in feine Streifen schneiden. Mit den rohen Sprossen unter den Salat heben. Etwa 20 Minuten ziehen lassen und servieren.

Auf die Erdbeeren außerhalb der Saison besser verzichten. Sie können dann zum Beispiel eine dritte Orange schälen, filetieren und unter den Salat mischen.

Varianten: Auch etwas fein gehackter Rosmarin und Thymian passen gut zum Salat. Wer etwas »zum Beißen« braucht, kann dazu Krustentiere, Geflügel oder auch gebackenen Käse servieren.

1 Portion Fruchtsalat mit Sprossen: ca. 196 kcal, 4 g Eiweiß (15E%), 2 g Fett (6E%), 35 g Kohlenhydrate (79E%). Diese Vorspeise liefert nur 41 kcal pro 100 g.

SALATE:..
GRÜN NACH LOGI

Linsen-Rucola-Salat mit Ziegenmilch-Gouda. 125 g Puy-Linsen. 250 ml Gemüsebrühe. 200 g Rucola. 1 rosa Grapefruit. 150 g Ziegenmilch-Gouda. ½ Bund Schnittlauch. 2 EL Nussöl. 1–2 EL Zitronensaft. Nach Geschmack Salz und weißer Pfeffer.

FÜR

Die Linsen in der Gemüsebrühe etwa 25 Minuten garen. In der Brühe erkalten lassen, dann erst abgießen und die Kochflüssigkeit auffangen. Den Rucola verlesen, waschen und trocken schleudern. Grobe Stiele abzwicken, große Blätter in mundgerechte Stücke zupfen. Die Grapefruit schälen und das Fruchtfleisch aus den Segmenten lösen (filetieren), dabei den Fruchtsaft auffangen. Die Grapefruitfilets nach Belieben etwas kleiner schneiden. Den Gouda in kleine Würfel schneiden. Den Schnittlauch waschen, trocken schütteln und in 3–4 cm lange Röllchen schneiden. Die aufgefangene Linsenbrühe mit dem Grapefruitsaft, Nussöl und Zitronensaft zu einem Dressing verrühren. Mit Salz und Pfeffer abschmecken. Linsen, Rucola, Grapefruit, Käse und Schnittlauch locker miteinander mischen, das Dressing untermengen. Den Linsen-Rucola-Salat sofort servieren.

Der Salat schmeckt auch mit roten Linsen. Dann verkürzt sich die Garzeit der Linsen auf 10–15 Minuten. Der Rucola kann durch Feldsalat, die Grapefruit durch zwei kleine Orangen ersetzt werden. Und wer keinen Ziegenmilch-Gouda bekommt, verwendet mittelalten Gouda aus Kuhmilch.

1 Portion Linsen-Rucola-Salat: ca. 315 kcal, 6 g Eiweiß (22E%), 7 g Fett (53E%), 7 g Kohlenhydrate (25E%). Dieser Salat liefert nur 111 kcal pro 100 g.

Lamm-Eintopf mit Kichererbsen.

250 g mageres Lammfleisch, z.B. Lammlachse oder Lammfilet. ½ Gemüsezwiebel (etwa 70 g). 200 g Spitzpaprika. 200 g Tomaten. 200 g Kichererbsen aus der Dose. 2 EL Olivenöl. 100 ml Wasser. 2 TL Sauerrahm. Nach Geschmack frisch gehackte Petersilie, Salz, Pfeffer und edelsüßes Paprikapulver.

Das Lammfleisch in mundgerechte Würfel schneiden. Die Zwiebel abziehen und in Würfel schneiden. Die Paprika waschen, putzen und in mundgerechte Stücke schneiden. Die Tomaten waschen, vom Stielansatz befreien und klein würfeln. Die Kichererbsen in einem Sieb abtropfen lassen.

Das Öl in einem Topf erhitzen. Das Lammfleisch bei starker Hitze von allen Seiten gut anbraten. Die Zwiebel zufügen und bräunen lassen.

Mit Salz und Pfeffer würzen. Die Tomaten zugeben und kurz mitbraten. Das Wasser zugießen und alles einmal aufkochen lassen. Paprika und Kichererbsen zugeben und alles noch 20 Minuten bei schwacher Hitze zugedeckt köcheln lassen. Mit Paprika, Salz und Pfeffer abschmecken. Mit einem Klecks Sauerrahm und der gehackten Petersilie servieren.

Spanischer Kichererbseneintopf.

50 g Zwiebel. 1 kleine Knoblauchzehe. 1 EL Olivenöl. 200 g Kichererbsen aus der Dose. 80 g Staudensellerie. 250 g Fleischtomaten. 400 ml Gemüsebrühe. 150 g Blattspinat. 2 Eier. Nach Geschmack Salz und Pfeffer.

Zwiebel und Knoblauch abziehen und fein würfeln. Die Kichererbsen in einem Sieb abtropfen lassen. Sellerie und Tomaten waschen, putzen und in Würfelchen schneiden.

Das Öl in einem Topf erhitzen, Zwiebel und Knoblauch glasig dünsten. Die Kichererbsen zufügen, 2 Minuten mitdünsten. Mit Salz und Pfeffer würzen. Sellerie und Tomaten dazugeben, etwa 5 Minuten köcheln lassen. Währenddessen den Blattspinat verlesen, waschen, trocken schleudern und grob hacken. In den Topf geben und alles 15 Minuten bei mittlerer Hitze köcheln lassen.

In der Zwischenzeit die Eier 10 Minuten kochen, abschrecken, pellen und hacken. Den Kichererbseneintopf mit Salz und Pfeffer kräftig abschmecken, mit Ei bestreut servieren.

1 Portion Lamm-Eintopf mit Kichererbsen: ca. 488 kcal, 46 g Eiweiß (38E%), 21 g Fett (38E%), 28 g Kohlenhydrate (24E%). Dieses Hauptgericht liefert nur 102 kcal pro 100 g.

1 Portion spanischer Kichererbseneintopf: ca. 361 kcal, 20 g Eiweiß (24E%), 19 g Fett (47E%), 25 g Kohlenhydrate (29E%). Dieser Eintopf liefert nur 60 kcal pro 100 g.

EINTÖPFE UND SUPPEN

EINTÖPFE
UND SUPPEN

Kichererbseneintopf mit Hähnchen.

Kichererbseneintopf mit Hähnchen. 200 g Kichererbsen aus der Dose. 1 Liter Gemüsebrühe. 2 Möhren. 1 Stange Lauch. 150 g Champignons. 200 g Hähnchenbrustfilet. 1 kleine Dose geschälte Tomaten (400 g). 2 TL Tomatenmark. 1 EL Crème fraîche. 4 EL Kokosmilch. Nach Geschmack Salz, Pfeffer, scharfes Curry- und Chilipulver.

Die Kichererbsen in der kochenden Gemüsebrühe 7 Minuten garen. In der Zwischenzeit die Möhren und den Lauch putzen, waschen und in Scheiben schneiden. Das Hähnchenfilet kalt abspülen, trocken tupfen und in Streifen schneiden.

Gemüse und Fleisch zu den Kichererbsen geben. Die geschälten Tomaten abtropfen lassen, mit der Gabel zerdrücken und ebenfalls zugeben. Mit Curry- und Chilipulver, Salz und Pfeffer würzen und noch etwa 10 Minuten köcheln lassen. Die Champignons trocken abreiben und blättrig schneiden. Mit Tomatenmark, Crème fraîche und Kokosmilch in den Eintopf geben und noch 5 Minuten garen.

Linseneintopf mit Würstchen.

Linseneintopf mit Würstchen. 170 g Puy-Linsen. 125 g Tomaten. 125 g Möhre. 125 g Sellerie. 125 g Zucchini. 50 g Zwiebel. 1 kleine Knoblauchzehe. 1 EL Olivenöl. 300 ml Gemüsebrühe. 2 Wiener Würstchen. 1 Spritzer dunkler Balsamessig (Aceto balsamico). Nach Geschmack Salz und Pfeffer.

Die Linsen waschen und in einem Sieb abtropfen lassen. Das Gemüse putzen, waschen und in kleine Würfel schneiden. Zwiebel und Knoblauch abziehen, die Zwiebel fein würfeln.

Das Öl in einem großen Topf erhitzen. Die Zwiebeln darin glasig dünsten. Den Knoblauch dazupressen, die Linsen zugeben und beides kurz mit anbraten. Das Gemüse zugeben und noch 1–2 Minuten unter Rühren braten.

Die Gemüsebrühe angießen und alles bei schwacher Hitze im geschlossenen Topf 30–40 Minuten köcheln lassen, bis die Linsen gar sind. Mit Salz und Pfeffer abschmecken.

Die Würstchen in der Suppe erhitzen. Vor dem Servieren nach Geschmack mit Essig verfeinern.

1 Portion Kichererbseneintopf: ca. 217 kcal, 19 g Eiweiß (36E%), 8 g Fett (34E%), 15 g Kohlenhydrate (28E%). Dieser Eintopf liefert nur 38 kcal pro 100 g.

1 Portion Linseneintopf mit Würstchen: ca. 355 kcal, 16 g Eiweiß (20E%), 25 g Fett (63E%), 15 g Kohlenhydrate (17E%). Dieser Eintopf liefert nur 57 kcal pro 100 g.

Thailändische Garnelensuppe. 2 Frühlingszwiebeln. 1 Stängel Zitronengras. 1 Möhre. 100 g Champignons. 1 EL Walnussöl. 1 EL fein gehackter Ingwer. 400 ml Fischfond. 3 EL asiatische Fischsauce. ½ TL oder nach Geschmack rote Currypaste. 100 ml ungesüßte Kokosmilch. 150 g Garnelen (tiefgefroren). 1 Messerspitze Sambal oelek. 1 EL frisch gehackter Koriander. Nach Geschmack Salz und Currypulver.

Die Frühlingszwiebeln, das Zitronengras und die Möhre putzen, waschen und in dünne Scheiben schneiden. Die Champignons abreiben und blättrig schneiden. Das Walnussöl in einem Topf oder einer großen Pfanne erhitzen. Frühlingszwiebeln, Zitronengras und Ingwer darin kurz dünsten. Fischfond, Fischsauce, Curry, Kokosmilch und Currypulver unterrühren. Möhren- und Champignonscheiben zugeben und alles 3 Minuten köcheln.

In der Zwischenzeit die Garnelen waschen, den Darm entfernen. Die Garnelen in die Suppe geben, diese mit Salz und Sambal oelek abschmecken und insgesamt noch 5 Minuten köcheln lassen. Die thailändische Garnelensuppe mit dem frisch gehackten Koriander anrichten.

1 Portion thailändische Garnelensuppe: ca. 235 kcal, 23 g Eiweiß (40E%), 12 g Fett (43E%), 9 g Kohlenhydrate (17E%). Diese Suppe liefert nur 48 kcal pro 100 g.

EINTÖPFE
UND SUPPEN

Tomaten-Cremesuppe. 1 große rote Paprikaschote. 4 Strauchto-
maten. 2 Schalotten. 1 EL Olivenöl. 400 ml Gemüsebrühe. 1 EL
Tomatenmark. 1 kleine gelbe Paprikaschote. 1 EL Crème fraî-
che. Nach Geschmack frischer Thymian, Korianderpulver,
Cayennepfeffer, Chilipulver, rosenscharfes Paprikapulver und
Salz.

Den Backofen auf 200° (Umluft 180°) vorheizen. Die rote Paprika waschen und vierteln. Die Tomaten waschen, auf der Unterseite kreuzweise einritzen. Ein Backblech mit Backpa- pier belegen, Tomaten und die rote Paprika darauf legen und im Backofen etwa 10 Minuten garen, bis sich die Haut in Blasen anhebt.

Währenddessen die Schalotten abziehen und in Ringe schneiden. Die Haut der Tomaten und der Paprikaviertel abziehen, das Fruchtfleisch in Stücke schneiden.

Das Öl in einem Topf erhitzen. Die Schalotten darin anschwitzen. Tomaten und rote Paprika hinzufügen und 3 Minuten köcheln lassen. Die Gemüsebrühe und das Tomatenmark zugeben und alles pürieren.

Mit Koriander, Cayennepfeffer, Chili, Paprika und Salz abschmecken und weitere 5 Minu- ten bei niedriger Hitze garen. Die gelbe Paprika waschen, putzen und in sehr kleine Würfel schneiden. Mit Crème fraîche zur Suppe geben noch 10 Minuten köcheln lassen. Die Suppe mit Thymianblättchen bestreut servieren.

Nehmen Sie Tomaten und rote Paprika aus dem Backofen und legen Sie sie zum »Schwitzen« noch für einige Minuten in einen Plastikbeutel. Den Beutel gut ver- schließen, dann entwickeln sich darin Dämpfe, die bewirken, dass sich die Haut noch besser löst.

1 Portion Tomaten-Cremesuppe: ca. 212 kcal, 6 g Eiweiß (12E%), 13 g Fett (53E%), 18 g Kohlenhydrate (35E%). Diese Suppe liefert nur 39 kcal pro 100 g.

Rettich find' ich sehr spannend. Viele kennen ihn nur als Bierbegleiter, das ist echt schade. Denn der Rettich hat durch seinen hohen Wassergehalt eine sehr erfrischende Wirkung und dabei sehr wenige Kalorien. Seine Schärfe kurbelt den gesamten Stoffwechsel an. Vitalstoffe hat er auch jede Menge, also esst mehr Rettich!

FÜR

Rettichsuppe. 1 mittelgroßer Rettich (etwa 300 g). 1 Zwiebel. 20 g Butter. 2 EL gekörnte Brühe. 250 g Sahne. Nach Geschmack Salz, Pfeffer und Muskatnuss.

Den Rettich schälen und in kleine Würfel schneiden. Die Zwiebel abziehen und fein würfeln, in der heißen Butter glasig dünsten.

Die Rettichwürfel kurz mitbraten, mit gekörnter Brühe, Salz, Pfeffer und Muskat würzen, mit 500 ml heißem Wasser auffüllen. Etwa 15 Minuten leise kochen lassen, bis der Rettich weich ist. Die Sahne zugeben und einmal aufkochen lassen. Pürieren oder durch ein Sieb passieren. Mit Salz, Pfeffer und Muskat abschmecken.

FÜR

Gemüse-Consommé mit Champignons. 150 g Knollensellerie. 200 g Möhren. 100 g Kohlrabi. 75 g Lauch. 1 Bund Petersilie. 1 Zwiebel. 1 Knoblauchzehe. 1 EL Olivenöl. 5 mittelgroße Champignons. Nach Geschmack Muskat, Salz und Pfeffer.

Das Gemüse putzen, waschen, schälen und in Würfel bzw. Scheiben schneiden. Etwas Petersilie zum Garnieren beiseitelegen. Die restlichen Stängel waschen und grob hacken. Zwiebel und Knoblauch abziehen und fein würfeln. Sellerie, Möhren, Kohlrabi, Lauch, Petersilie, Zwiebel und Knoblauch in 1 l kochendes Salzwasser geben und in etwa 20 Minuten weich kochen. Mit Pfeffer und Muskat würzen und mit dem Öl verfeinern.

Inzwischen die Champignons trocken abreiben und in feine Scheiben schneiden. Die Gemüsebrühe durch ein Sieb abseihen und auffangen – das Gemüse wird nicht weiter verwendet. Die Champignons in dieser Gemüsebrühe 6–7 Minuten garen. Die Consommé mit Petersilie garnieren.

Sie können die Ricotta-Gnocchi auf Seite 94 als Markklößchenersatz in die Suppe geben.

1 Portion Rettichsuppe: ca. 237 kcal, 3 g Eiweiß (5E%), 22 g Fett (86E%), 5 g Kohlenhydrate (9E%). Diese Suppe liefert nur 82 kcal pro 100 g.

1 Portion Gemüse-Consommé mit Champignons: ca. 39 kcal, 3 g Eiweiß (21%), 3 g Fett (61%), 2 g Kohlenhydrate (18 %) Diese Suppe liefert nur 7 kcal pro 100 g.

EINTÖPFE
UND SUPPEN

EINTÖPFE
UND SUPPEN

Kürbissuppe.

Kürbissuppe. 2 Schalotten. 400 g Muskatkürbis. 100 g Möhren. 50 g Lauch. 15 g Butter. 1 EL Tomatenmark. 150 ml Weißwein. 400 ml Geflügelbrühe. 180 g Sahne. 1 EL Vollmilch. Nach Geschmack Salz und Cayennepfeffer.

Die Schalotten abziehen und fein würfeln. Den Kürbis schälen, entkernen und würfeln. Möhren und Lauch putzen, waschen und in Scheiben bzw. Ringe schneiden. Die Butter erhitzen, Schalotten, Kürbis, Möhren und Lauch darin anschwitzen. Das Tomatenmark zugeben und kurz rösten. Mit Weißwein ablöschen, Brühe, Sahne und Milch angießen.

Etwa 10 Minuten bei mittlerer Hitze weich kochen lassen. Anschließend fein pürieren und mit Salz und Pfeffer abschmecken.

Schaumsüppchen von Zuckerschoten mit Flusskrebsen.

Schaumsüppchen von Zuckerschoten mit Flusskrebsen. 2 Schalotten. 2 Zweige Pfefferminze und einige Blättchen zur Dekoration. 15 g Butter. 4 cl Noilly Prat (Wermut). 4 cl Weißwein. 400 ml Geflügelfond. 300 g Sahne. 50 ml Milch. 450 g Zuckerschoten. 12 Flusskrebsschwänze. Nach Geschmack Salz, Pfeffer, Muskatnuss und frisch gepresster Zitronensaft.

Die Zuckerschoten waschen, Stiel- und Blütenansätze entfernen. Die Minze waschen und trocken schütteln, die Blättchen – nicht die zur Dekoration – in feine Streifen schneiden. Die Schalotten abziehen, in kleine Würfel schneiden und in der heißen Butter anschwitzen. Mit Noilly Prat und Weißwein ablöschen, den Fond zugeben und einmal aufkochen lassen.

Sahne, Milch, Zuckerschoten und die Pfefferminzstreifen zufügen und nochmals kurz aufkochen lassen. Vom Herd ziehen und mit Salz, Pfeffer und frisch geriebener Muskatnuss abschmecken. Die Suppe im Mixer pürieren und mit Zitronensaft abschmecken, wieder in den Topf geben. Die Flusskrebsschwänze 5–10 Minuten in der heißen Suppe im zugedeckten Topf ziehen lassen. Auf vier tiefen Tellern anrichten und mit Minzeblättchen garnieren.

Variante: Anstelle der Flusskrebsschwänze einfach Shrimps in die Suppe geben.

1 Portion Kürbissuppe: ca. 236 kcal, 9 g Eiweiß (15E%), 16 g Fett (59E%), 12 g Kohlenhydrate (26E%). Diese Vorspeisensuppe liefert nur 73 kcal pro 100 g.

1 Portion Schaumsüppchen mit Flusskrebsen: ca. 471 kcal, 22 g Eiweiß (19E%), 34 g Fett (63E%), 19 g Kohlenhydrate (18E%). Dieses Hauptgericht liefert nur 119 kcal pro 100 g.

GI-STAR VINCENT KLINK

FÜR

Gefüllte Auberginen.
4 Auberginen. 2 EL Olivenöl. 1 Zwiebel. 1 Töpfchen Basilikum. 1 EL gehackte Petersilie. Abgeriebene Schale von ½ unbehandelten Zitrone. 1 Ei. 1 EL frisch geriebener Parmesan. 1 TL Butter. Nach Geschmack Meersalz und schwarzer Pfeffer aus der Mühle.

Den Backofen auf 180° (Umluft 160°) vorheizen. Zwei Auberginen waschen, putzen und in Würfel schneiden, diese in 1 EL heißem Olivenöl scharf anbraten.

Die anderen beiden Auberginen der Länge nach halbieren, mit der runden Hautseite auf ein gefettetes Backblech legen und etwa 12 Minuten im Ofen backen. Abkühlen lassen.

Die Zwiebel abziehen und in feine Würfel schneiden. Die Basilikumblättchen abzupfen. Das Fruchtfleisch der gebackenen Auberginen mit einem scharfkantigen Löffel aus der Schale heben, die Schale dabei nicht beschädigen. Fruchtfleisch fein hacken und mit Zitronenschale, Zwiebelwürfelchen, Basilikum und Petersilie mischen. Diese Masse in 1 EL heißem Olivenöl kurz anbraten, etwas abkühlen lassen.

Das Ei und den Parmesan gut untermischen, mit Salz und Pfeffer abschmecken. Die Auberginenwürfel untermischen. Die Auberginencreme in die Auberginenhälften füllen. Butterflöckchen darauf verteilen und im Ofen bei 220° (Umluft 200°) 15 Minuten backen.

1 Portion gefüllte Auberginen: ca. 298 kcal, 14 g Eiweiß (19E%), 20 g Fett (59E%), 16 g Kohlenhydrate (22E%). Dieses Hauptgericht liefert nur 49 kcal pro 100 g.

GEMÜSE
UND LOGITARISCHES

Champignons nach türkischer Art. 450 g Champignons. 200 g Fetakäse. ½ Bund glatte Petersilie. 1 TL Rapsöl. 50 ml Wasser.

Den Backofen auf 220° (Umluft 200°) vorheizen. Die Champignons abreiben, den Stiel entfernen. Den Feta fein zerbröckeln. Die Petersilie waschen, sehr fein hacken und mit dem Feta mischen.

Eine Auflaufform dünn einfetten. Die Champignons mit dem Petersilien-Feta füllen, in die Auflaufform setzen und mit dem Wasser umgießen. Mit Alufolie abdecken und im Backofen 15–20 Minuten garen.

Diese gebackenen Champignons sind ein tolles Mitbringsel für jede Party. Sie schmecken warm und kalt gut!

 Gratinierter Feta mit mediterranem Gemüse. 1 kleine rote Zwiebel. 1 TL Olivenöl und etwas Öl für die Form. 1 kleine Dose geschälte Tomaten (400 g). Je 1 kleine gelbe und rote Paprikaschote. 100 g Cocktail-Tomaten. 100 g gelbe Tomaten. 20 g schwarze Oliven mit Stein. 200 g Fetakäse. Nach Geschmack Salz, Pfeffer, getrockneter Oregano und frisches Basilikum.

Die Zwiebel abziehen, in Ringe schneiden. Das Öl in einer beschichteten Pfanne erhitzen. Die Zwiebel darin glasig dünsten. Die geschälten Tomaten aus der Dose zugeben, mit Salz, Pfeffer und Oregano würzen. Die Tomatensauce im offenen Topf 5 Minuten köcheln lassen.

Inzwischen die Paprika und Tomaten putzen, waschen und würfeln. Die Oliven entsteinen und halbieren. Den Backofen auf 200 ° (Oberhitze) vorheizen. Eine Auflaufform dünn einfetten.

Die Basilikumblättchen in Streifen schneiden, unter die Tomatensauce mischen und in die Auflaufform gießen. Gemüse und Oliven zugeben. Den Feta längs halbieren und über das Gemüse geben. Den Auflauf im Backofen etwa 15 Minuten garen, bis der Käse anfängt zu zerlaufen.

1 Portion Champignons nach türkischer Art: ca. 111 kcal, 10 g Eiweiß (35E%), 8 g Fett (62E%), <1 g Kohlenhydrate (3E%). Dieser Snack liefert nur 82 kcal pro 100 g.

1 Portion gratinierter Feta mit Gemüse: ca. 372 kcal, 21 g Eiweiß (23E%), 26 g Fett (62E%), 13 g Kohlenhydrate (15E%). Dieses leichte Hauptgericht liefert nur 84 kcal pro 100 g.

GEMÜSE
UND LOGITARISCHES

Zucchini alla parmigiana. 450 g Zucchini. 2 kleine Eier. 60 g Vollkornmehl. 1½ EL Olivenöl und etwas Öl für die Form. 200 g Tomaten. 1 kleine Knoblauchzehe. 50 g frisch geriebener Parmesan. Nach Geschmack Salz, Pfeffer und (Zitronen-) Thymian.

Die Zucchini waschen, putzen und in fingerdicke Scheiben schneiden. Diese beidseitig mit Salz und Pfeffer würzen. Die Eier in einem tiefen Teller verquirlen, das Mehl auf einen zweiten Teller geben. Die Zucchinischeiben zunächst in Ei, dann in Vollkornmehl wenden.

Das Öl in einer Pfanne erhitzen und die Zucchinischeiben darin von beiden Seiten goldgelb braten. Inzwischen den Backofen auf 200° (Umluft 180°) vorheizen.

Die Tomaten waschen, vom Stielansatz befreien und klein würfeln. Den Knoblauch abziehen. Zu den Tomaten in eine tiefe Schüssel geben, mit Salz und Pfeffer würzen und pürieren. Den Thymian waschen, trocken schütteln und die Blättchen zum Tomatenpüree geben.

Eine Auflaufform dünn einfetten, abwechselnd die Zucchinischeiben, Tomatenpüree und den Parmesan einschichten. Die oberste Schicht mit Parmesan bestreuen. Im Backofen (Mitte) etwa 30 Minuten überbacken.

INFO DREI *Die Italiener verstehen es, einfache Zutaten unkompliziert zuzubereiten – und dabei auch noch extrem leckere Gerichte zu komponieren. Verwenden Sie für diesen aus der Gegend um Neapel stammenden Zucchiniauflauf unbedingt einen kräftig ausgereiften Hartkäse, statt frischem Parmesan passt auch Pecorino. Keinen geriebenen Parmesan aus der Tüte verwenden!*

1 Portion Zucchini alla parmigiana: ca. 422 kcal, 22 g Eiweiß (22E%), 26 g Fett (53E%), 26 g Kohlenhydrate (25E%). Dieses Hauptgericht liefert nur 97 kcal pro 100 g.

Weiße Bohnen mit Minze.
200 g Staudensellerie. 200 g Möhren. 1 kleine Knoblauchzehe. 250 g weiße Bohnen aus der Dose. 1½ EL Olivenöl. 30 g frische Minze. 1 Spritzer Weinessig. 20 g entsteinte schwarze Oliven. Nach Geschmack frisch gehackte Petersilie, Salz und Pfeffer.

Staudensellerie und Möhren putzen, waschen und in feine Streifen schneiden. Den Knoblauch abziehen und fein würfeln. Die Bohnen in einem Sieb abtropfen lassen. Das Öl in einer Pfanne erhitzen. Den Knoblauch darin kurz anbraten. Sellerie und Möhren zugeben und unter Rühren bei mittlerer Hitze bissfest garen. Bei Bedarf etwas Wasser zugeben. Mit Salz und Pfeffer würzen.

Die Bohnen zugeben und noch etwa 10 Minuten köcheln lassen. In der Zwischenzeit die Minze waschen, die Blättchen abzupfen und fein hacken. Unter das Bohnengemüse heben. Den Essig untermischen, das Bohnengemüse vom Herd nehmen und 5 Minuten durchziehen lassen. Mit den Oliven garnieren und lauwarm servieren.

Exotische Ratatouille mit Orangensauce.
1 Orange. Je 1 kleine rote, gelbe und grüne Paprikaschote. 1 kleine rote Zwiebel. 100 g Babyananas. 50 ml frisch gepresster Orangensaft. 30 ml Sherry oder Portwein. 1 TL Honig. 1 Döschen Safran (0,1 g). 20 g Pinienkerne. 1 Zweig Rosmarin. 1 EL Walnussöl. Nach Geschmack getrocknete Chilischoten und Cayennepfeffer.

Die Orange schälen, dabei auch die weiße Haut entfernen, und filetieren. Die Paprika putzen, waschen und in Würfel schneiden. Die Zwiebel abziehen und sehr fein hacken. Die Ananas schälen, den Strunk herausschneiden und die Frucht würfeln.

Den Backofen auf 200° vorheizen (Umluft 180°). Den Orangensaft mit Sherry, Honig und Safran gut verrühren. Mit etwas Chili – zwischen den Fingern zerreiben – und Cayennepfeffer abschmecken. Die Hälfte der Orangensauce in eine Auflaufform gießen. Das Gemüse und die Ananaswürfel darauf betten und mit Orangensauce übergießen. Die Pinienkerne darüber streuen und alles mit Salz und Rosmarin würzen. Mit dem Walnussöl beträufeln. Die Ratatouille 20–30 Minuten im Backofen (Mitte) garen.

Diese Ratatouille ist ein warmes Hauptgericht für den kleinen Hunger. Wer großen Appetit hat, kann sie hervorragend mit Geflügel oder Garnelen kombinieren.

1 Portion weiße Bohnen mit Minze: ca. 232 kcal, 9 g Eiweiß (16E%), 14 g Fett (52E%), 18 g Kohlenhydrate (31E%). Dieses leichte Hauptgericht liefert nur 65 kcal pro 100 g.

1 Portion Ratatouille: ca. 279 kcal, 6 g Eiweiß (10E%), 12 g Fett (39E%), 30 g Kohlenhydrate (44E%). Dieses Hauptgericht liefert nur 75 kcal pro 100 g.

GEMÜSE
UND LOGITARISCHES

GEMÜSE
UND LOGITARISCHES

Sellerieschnitzel mit Nusskruste und Gorgonzolacreme. 300 g Knollensellerie. 1 Spritzer Zitronensaft. 1 Ei. 50 g gemahlene Haselnüsse. 1½ EL Rapsöl. 2–3 EL Vollmilch. 80 g Gorgonzola. 100 ml Gemüsebrühe. 150 g Gurke. 150 g Tomaten. Balsamico-Dressing (Rezept siehe unten). Nach Geschmack frisch gehackte Petersilie, Salz und Pfeffer.

Den Sellerie schälen und in 2 cm dicke Scheiben schneiden. In sprudelnd kochendem Salzwasser mit 1 Spritzer Zitronensaft etwa 3 Minuten blanchieren. In einem Sieb abtropfen lassen. Die Selleriescheiben auf beiden Seiten mit Salz und Pfeffer würzen und mit verquirltem Ei bepinseln. Die Nüsse in einen tiefen Teller geben und die Sellerieschnitzel darin wenden.

Das Öl in einer Pfanne erhitzen und die Selleriescheiben darin von beiden Seiten knusprig braten – nicht zu lange braten, da die Nüsse sonst ihr Aroma verlieren.

Inzwischen in einem Stieltopf die Milch erhitzen. Den Gorgonzola darin cremig rühren, die Gemüsebrühe zugeben, erhitzen und alles glatt pürieren. Mit Salz und Pfeffer abschmecken. Warm halten, aber nicht mehr kochen lassen.

Das Balsamico-Dressing zubereiten. Die Gurke und die Tomaten waschen und in feine Scheiben schneiden. Auf Salattellern anrichten und mit dem Dressing beträufeln. Die gebackenen Selleriescheiben mit der Gorgonzolacreme und Petersilie anrichten, mit dem Salat servieren.

Balsamico-Dressing. 1 EL Balsamessig (Aceto balsamico). 1 TL Dijon-Senf. 1 EL Wasser. 1 EL Olivenöl. 1 EL Milch.

Essig, Senf und Wasser glatt rühren. Das Öl und die Milch untermischen und alles – am besten mit einem Milchaufschäumer – cremig rühren.

Dieses Dressing passt zu vielen Salaten und die Menge lässt sich beliebig variieren, da die Zutaten einfach im Verhältnis 1:1:2:1 verrührt werden. Nach Geschmack kann das Dressing vor der Zugabe von Öl auch noch mit Salz und Pfeffer gewürzt werden.

1 Portion Sellerieschnitzel mit Gorgonzolacreme: ca. 467 kcal, 18 g Eiweiß (16%), 38 g Fett (73%), 12 g Kohlenhydrate (11%). Dieses Hauptgericht liefert nur 87 kcal pro 100 g.

Kürbis-Bohnen-Curry mit Kokoschips. 200 g Hokkaido-Kürbis. 1 EL Rapsöl. 150 g Kidney-Bohnen. 500 ml Gemüsebrühe. 50 ml Apfelwein. 70 ml Kokosmilch. ½ TL frischer, fein gehackter Ingwer. 2 EL Kokoschips. ½ TL Currypulver. 2 EL Naturjoghurt. 1 TL frisch gehackter Koriander. Nach Geschmack Salz und Chilipulver.

Den Kürbis schälen, entkernen und das Kürbisfleisch in mundgerechte Würfel schneiden. Das Öl in einer Pfanne erhitzen. Die Kürbiswürfel darin etwa 7 Minuten anbraten, dabei gelegentlich wenden. Die Kidney-Bohnen aus der Dose abtropfen lassen, nach 7 Minuten zum Kürbis geben und noch 2–3 Minuten mitgaren. Gemüsebrühe und Apfelwein zugeben und 1 Minute köcheln lassen.

Den Backofen auf 100° (Umluft 80°) vorheizen. Die Kokosmilch unter das Gemüse rühren, mit Ingwer, Curry, Chili und Salz würzen. Die Kokoschips im Backofen 2 Minuten backen, bis sie Farbe annehmen. Den Joghurt unter das Kürbis-Bohnen-Curry ziehen und noch etwa 1 Minute gar ziehen lassen. Mit Kokoschips und frischem Koriander bestreut servieren.

Vegetarische Mangold-Lasagne. 50 g Zwiebel. 200 g Tomaten. 1 kleine Knoblauchzehe. 1½ EL Rapsöl. 200 g rote Linsen (Trockengewicht). 225 g Mangoldblätter. 75 g Emmentaler. 75 g Sahnequark. Nach Geschmack Salz, Pfeffer, Gewürzmischung Mexiko und frisch gehackte Petersilie.

Die Zwiebel abziehen und fein würfeln. Die Tomaten waschen, vom Stielansatz befreien und klein würfeln. Den Knoblauch abziehen. Knapp 1 EL Öl in einem Topf erhitzen. Den Knoblauch durch die Presse dazudrücken und mit der Zwiebel glasig dünsten. Die Linsen unterrühren, kurz mitdünsten. Die Tomatenwürfel und 1 Tasse Wasser zufügen, alles mit Salz, Pfeffer und Mexiko-Gewürzmischung würzen. Bei mittlerer Hitze 5–10 Minuten köcheln lassen, ab und zu umrühren.

Inzwischen die Stiele der Mangoldblätter abknipsen, die Blätter waschen, 2 Minuten in sprudelnd kochendem Salzwasser blanchieren. In einem Sieb abtropfen lassen. Den Backofen auf 200° (Umluft 180°) vorheizen. Den Emmentaler sehr fein reiben, mit dem Quark verrühren und mit Salz, Pfeffer und Mexiko-Gewürzmischung herzhaft abschmecken. Eine Auflaufform mit Öl dünn einpinseln. Abwechselnd Mangoldblätter, die Tomaten-Linsen und die Quarkmischung einschichten. Die oberste Schicht sollte aus Quarkmischung bestehen. Die Lasagne im Backofen (Mitte) 30 Minuten backen. Mit Petersilie bestreuen.

1 Portion Kürbis-Bohnen-Curry: ca. 256 kcal, 9 g Eiweiß (13E%), 16 g Fett (55E%), 19 g Kohlenhydrate 32E%). Dieses Hauptgericht liefert nur 64 kcal pro 100 g.

1 Portion Mangold-Lasagne: ca. 372 kcal, 5 g Eiweiß (25E%), 5 g Fett (56E%), 4 g Kohlenhydrate (19E%). Dieses Hauptgericht liefert nur 75 kcal pro 100 g.

GEMÜSE UND LOGITARISCHES

GEMÜSE
UND LOGITARISCHES

Tofu-Gemüsepfanne aus dem Wok. 200 g Tofu natur. 60 ml Sojasauce. 1½ EL Rapsöl. 20 ml trockener Sherry. 1 sehr kleine Knoblauchzehe. 450 g Gemüsemischung China (tiefgekühlt). 50 g Sprossen. 40 g chinesische Glasnudeln (Rohgewicht). 20 g Mandelblättchen. Nach Geschmack Salz, Pfeffer und Chinagewürz.

Den Tofu in 1 cm dicke Scheiben schneiden, mit der Sojasauce beträufeln und zugedeckt 3–4 Stunden, noch besser über Nacht, marinieren. Anschließend abtropfen lassen, die Sojasauce auffangen. Die Glasnudeln nach Packungsangaben etwa 10 Minuten in Wasser einweichen. Inzwischen den Knoblauch abziehen und fein hacken. Das Öl in einem Wok erhitzen, die Tofu-Scheiben darin kräftig anbraten. Den Sherry zugeben. Die Tofu-Scheiben an den Wokrand schieben.

In der Wokmitte den Knoblauch kurz braten, das gefrorene China-Gemüse und die Sprossen zugeben und unter Rühren braten. Die Sojasauce der Marinade zugeben und kurz mitbraten. Mit Salz, Pfeffer und dem Chinagewürz abschmecken. Die Glasnudeln abtropfen lassen und in den Wok geben. Gut unterrühren und noch so lange erhitzen, bis die Nudeln gar sind. Mit den Mandelblättchen bestreuen und servieren.

Glasnudeln erhalten Sie in vielen Varianten in asiatischen Lebensmittelläden. Und in jedem gut sortierten Supermarkt finden Sie im Asia-Regal 100-Gramm-Packungen Glasnudeln. Lesen Sie vor der Zubereitung unbedingt die Packungsangaben: Manche Sorten müssen zunächst 20 Minuten eingeweicht und dann aufgekocht, andere direkt 2–3 Minuten gekocht werden.

1 Portion Tofu-Gemüsepfanne: ca. 489 kcal, 31 g Eiweiß (26E%), 27 g Fett (50E%), 27 g Kohlenhydrate (24E%). Dieses Hauptgericht liefert nur 113 kcal pro 100 g.

FÜR

Italienischer Auberginenauflauf mit Mozzarella. 750 g Auberginen. 1 Zwiebel. 1 Knoblauchzehe. 1 EL Olivenöl und etwas Öl für die Form. 1 kleine Dose geschälte Tomaten (400 g). 150 g Mozzarella. 20 g frisch geriebener Parmesan. Nach Geschmack Salz, Pfeffer aus der Mühle, getrockneter Oregano und frisches Basilikum.

Den Backofen auf 200° Umluft (220° Ober- und Unterhitze) vorheizen. Die Auberginen waschen, trocken tupfen, putzen und in fingerdicke Scheiben schneiden. Die Auberginenscheiben auf ein mit Backpapier belegtes Blech legen und im Backofen von beiden Seiten 5–7 Minuten grillen. Sie sind gar, wenn die Auberginen Farbe annehmen.

Die Zwiebel und den Knoblauch abziehen, die Zwiebel in Ringe, den Knoblauch in feine Würfel, die Basilikumblättchen in feine Streifen schneiden. Das Öl in einer Pfanne erhitzen. Zwiebelringe und Knoblauch darin glasig dünsten. Die geschälten Tomaten zugeben, mit Salz, Pfeffer, Oregano und Basilikumstreifen würzen und 8–10 Minuten auf niedriger Stufe offen einkochen lassen.

Den Mozzarella in dünne Scheiben schneiden. Eine Auflaufform dünn mit Öl einpinseln, 2 EL Tomatensauce hineingeben, mit einer Schicht Auberginenscheiben bedecken. Darauf in dieser Reihenfolge 2–3 EL Tomatensauce, Mozzarellascheiben, 2 EL geriebenen Parmesan schichten. Das Ganze so lange weiterführen, bis alle Lebensmittel verbraucht sind.

Die oberste Schicht bilden Mozzarella und Parmesan. Im vorgeheizten Backofen (Mitte) 15–20 Minuten backen.

INFONION

Verwenden Sie auch für diesen italienischen Auberginenauflauf keinen geriebenen Parmesan aus der Tüte! Damit der Käse aromatisch-würzig zwischen dünnen Auberginenscheiben und der Tomatensauce bestehen kann, reiben Sie den Parmesan frisch – ersatzweise schmeckt auch ein gut ausgereifter, würziger Pecorino.

Der Auflauf schmeckt lauwarm am besten – oder auch kalt.

1 Portion italienischer Auberginenauflauf mit Mozzarella: ca. 211 kcal, 13 g Eiweiß (26E%), 14 g Fett (60E%), 7 g Kohlenhydrate (14E%). Dieses Hauptgericht liefert nur 67 kcal pro 100 g.

GEMÜSE
UND LOGITARISCHES

GEMÜSE
UND LOGITARISCHES

Gemüsegratin mit Pinienkernen.
150 g Fenchel. 150 g Möhren. 150 g Kaiserschoten. 150 g gelbe Brechbohnen. 1 TL Olivenöl. 125 g Mozzarella. 20 g Pinienkerne. Nach Geschmack Petersilie, Salz und Pfeffer.

Fenchel und Möhren putzen, waschen und in dünne Scheiben schneiden. Kaiserschoten und Brechbohnen waschen, putzen und in mundgerechte Stücke schneiden.

In einem großen Topf Salzwasser zum Kochen bringen und das Gemüse darin nacheinander jeweils etwa 3 Minuten blanchieren. Mit eiskaltem Wasser abschrecken und in einem Sieb abtropfen lassen.

Eine Auflaufform dünn mit Öl einfetten. Das Gemüse nach Farben sortiert einschichten, mit etwas Salz und Pfeffer würzen. Den Mozzarella abtropfen lassen und in sehr feine Stifte schneiden. Den Auflauf mit Mozzarella und Pinienkernen bestreuen. Im Backofen (Mitte) etwa 15–20 Minuten überbacken, bis der Käse goldgelb ist. Vor dem Servieren mit frisch gehackter Petersilie bestreuen.

Käsefondue mit Gemüse.
500 g Gemüse nach Wahl, z. B. Brokkoli, Blumenkohl, Möhren, Fenchel, Paprika. 250 ml Gemüsebrühe. 100 g alter Gouda. 100 g mittelalter Gouda. ½ Knoblauchzehe. 80 ml Weißwein. 1 Spritzer Zitronensaft. Nach Geschmack 1 Spritzer Kirschwasser, Salz, Pfeffer und Muskatnuss.

Das Gemüse putzen, waschen und in mundgerechte Stücke schneiden. In der sprudelnd kochenden Gemüsebrühe etwa 3 Minuten blanchieren, in einem Sieb abtropfen lassen.

Beide Käsesorten grob raspeln. Den Knoblauch abziehen und den Käsefondue-Topf damit einreiben. Den Wein zusammen mit dem Zitronensaft darin bei milder Hitze erwärmen.

Nach und nach den geraspelten Käse zugeben und unter Rühren darin schmelzen. Nach Geschmack Kirschwasser zugeben. Alles einmal aufkochen lassen. Mit Salz, Pfeffer und frisch geriebener Muskatnuss würzen.

Auf einem Rechaud servieren. Die Gemüsestücke aufspießen und in den Käse tauchen.

1 Portion Gemüsegratin: ca. 344 kcal, 21 g Eiweiß (25E%), 21 g Fett (54E%), 18 g Kohlenhydrate (21E%). Dieses Hauptgericht liefert nur 92 kcal pro 100 g.

1 Käsefondue mit Gemüse: ca. 493 kcal, 34 g Eiweiß (27E%), 32 g Fett (58E%), 15 g Kohlenhydrate (15E%). Dieses Fondue liefert nur 95 kcal pro 100 g.

FÜR

Ricotta-Gnocchi mit mediterraner Sauce. 300 g Ricotta (selbst zubereitet oder Fertigprodukt). 1 Ei und 2 Eigelbe. 50 g frisch geriebener Parmesan. 30 g Weizenvollkornmehl. 20 g Weizenkleber (Reformhaus, nach Bedarf). 1 EL Olivenöl. 1 Knoblauchzehe. 2 EL fein gewürfelte schwarze Oliven. 2 EL fein gewürfelte getrocknete Tomaten. 150 g Cocktail-Tomaten. 150 g geschälte Tomaten aus der Dose. 1 EL frisches Basilikum in feinen Streifen. 50 g Rucola. Nach Geschmack Salz, Pfeffer aus der Mühle und Chilipulver.

Ricotta mit Ei, Eigelben, Parmesan, Mehl, Weizenkleber, Salz, Pfeffer und Muskat in einer Schüssel zu einem glatten Teig verkneten. Den Teig für 20–30 Minuten zugedeckt in den Kühlschrank stellen. Den Knoblauch abziehen und fein hacken. Die Cocktail-Tomaten waschen und halbieren. Das Öl in einer Pfanne erhitzen. Knoblauch, Tomatenhälften, gehackte Oliven und Tomaten darin andünsten. Die geschälten Tomaten zugeben und etwas einkochen lassen. Mit Salz, Pfeffer und Chilipulver abschmecken. Inzwischen in einem großen Topf reichlich Salzwasser zum Kochen bringen. Den kühlen Teig mithilfe von Teelöffeln zu kleinen Kugeln formen und ins siedende Wasser geben. Nach etwa 1 Minute schwimmen die Gnocchis an die Oberfläche, von da an noch 1–2 Minuten garen. Herausheben.

Basilikum und Rucola in die Tomatensauce geben und erwärmen, nicht mehr kochen. Die Gnocchi in einen tiefen Teller geben, mit der Tomatensauce übergießen und eventuell mit etwas Parmesankäse bestreuen.

Hinweis: Eine Portion dieser Ricotta-Gnocchi mit Sauce liefert nur 11 g Kohlenhydrate. Eine vergleichbare Portion Kartoffel-Gnocchi mit derselben Sauce liefert 45 g Kohlenhydrate – die 4-fache Menge!

1 Portion Ricotta-Gnocchi mit Sauce: ca. 268 kcal, 16 g Eiweiß (25E%), 18 g Fett (58E%), 11 g Kohlenhydrate (17E%). Dieses Hauptgericht liefert nur 119 kcal pro 100 g.

GEMÜSE
UND LOGITARISCHES

Ricotta-Grundrezept für 250–300 g Ricotta. 1 l frische Vollmilch. 2 EL weißer Balsamessig (Balsamico bianco). ½ TL Salz.

Die Milch in einem Topf ohne Deckel bei niedriger Temperatur auf 80–90° erhitzen.

Essig und Salz einrühren und den Topf so lange auf der heißen Herdplatte stehen lassen, bis der Ricotta anfängt, nach oben zu steigen. Den Topf von der Herdplatte nehmen und den Deckel auflegen. Rund 5 Minuten ruhen lassen.

Den Topf wieder auf die Herdplatte stellen, den Ricotta noch einmal kurz aufkochen lassen. Wieder von der Herdplatte ziehen und warten, bis der restliche Ricotta nach oben steigt. Ein Sieb mit einem Geschirrtuch auslegen und den Ricotta hineingießen. Abtropfen lassen.

Sie können statt weißem Balsamessig (Balsamico bianco) auch Kalzium-Lactat aus der Apotheke verwenden. Zubereitung: 1 TL Kalzium-Laktat und ½ TL Salz in die Milch rühren, diese einmal aufkochen lassen. Von der Koststelle nehmen. Nach ca. 1 Minute steigt der Ricotta nach oben.

Verwendungstipps: Ricotta kann für Süßspeisen, als Quark-Ersatz, für Omeletts et cetera verwendet werden. Er schmeckt warm und kalt gut.

Gesamtes Ricotta-Grundrezept: ca. 219 kcal, 11 g Eiweiß (21E%), 12 g Fett (48E%), 16 g Kohlenhydrate (31E%). Dieses Grundrezept liefert nur 65 kcal pro 100 g.

Spinatomelett mit Rohkost. 125 g Kohlrabi. 125 g Möhren. 125 g Staudensellerie. 1 kleine Schalotte. 200 g frischer Blattspinat. 1 TL Olivenöl. 2 Eier. 1 EL Crème fraîche. 2 TL Butter. 100 g Vollmilchjoghurt. 50 g Quark. ½ TL mittelscharfer Senf. Nach Geschmack Salz, Pfeffer und Muskatnuss.

Kohlrabi, Möhren und Sellerie putzen, waschen und in mundgerechte Würfel schneiden, zugedeckt beiseitestellen. Die Schalotte abziehen und klein würfeln. Den Spinat verlesen, waschen, und die Blätter tropfnass in kleinere Stücke schneiden.

Das Öl in einem Topf erhitzen. Die Schalotte darin bei schwacher Hitze glasig dünsten. Den Spinat hinzufügen und bei starker Hitze unter häufigem Wenden 5–8 Minuten braten, bis alle Flüssigkeit verdampft ist.

Die Eier mit der Crème fraîche verschlagen und mit Salz, Pfeffer und Muskat würzen. Mit dem Spinatgemüse mischen.

Die Butter in einer Pfanne erhitzen und die Spinat-Ei-Masse darin von beiden Seiten in jeweils 2–3 Minuten goldbraun braten. Joghurt, Quark und Senf verrühren, mit Salz und Pfeffer abschmecken.

Das Omelett mit der Rohkost und dem Joghurt-Dip servieren.

▐▐▐▄▄ *Sie können anstelle des frischen Spinats auch tiefgekühlten Blattspinat verwenden.*

1 Portion Spinatomelett mit Rohkost: ca. 287 kcal, 18 g Eiweiß (26E%), 19 g Fett (59E%), 10 g Kohlenhydrate (15E%). Dieses leichte Hauptgericht liefert nur 64 kcal pro 100 g.

EIER: VIEL BESSER
ALS IHR RUF

Tomateneier.

Tomateneier. 1 kleine Zwiebel. 1 TL Rapsöl. 1 große Dose geschälte Tomaten (800 g). 1 EL frisch gehacktes Basilikum. 4 Eier. Nach Geschmack 1 Chilischote, Salz und Pfeffer aus der Mühle.

Die Zwiebel abziehen und in Ringe schneiden. Eventuell 1 kleine Chilischote waschen, entkernen und in feine Ringe schneiden. Die geschälten Tomaten abtropfen lassen und klein schneiden.

Das Öl in einer Pfanne erhitzen, die Zwiebel anschwitzen. Die Tomaten mit den Chiliringen, Salz und Pfeffer zugeben. Die Sauce 10 Minuten offen einkochen lassen.

Die rohen Eier in die Tomatensauce gleiten lassen und so lange mitgaren, bis der Eidotter die gewünschte Konsistenz hat. Die Basilikumblättchen in Streifen schneiden und unterrühren.

Ricotta-Zucchini-Frittata. 150 g Ricotta (selbst zubereitet oder Fertigprodukt). 2 Eier. 35 g frisch geriebener Parmesan 150 g Zucchini. 1 TL Olivenöl. 10 g Butter. Nach Geschmack Salz und Pfeffer aus der Mühle.

Den Ricotta mit den Eiern und dem Parmesan gut verrühren. Die Zucchini waschen, trocken tupfen, putzen und fein raspeln. Das Öl in einer Pfanne erhitzen und die Zucchiniraspel darin kurz anbraten. Anschließend die Zucchini unter die Ricotta-Masse mischen.

Die Butter in einer beschichteten Pfanne erhitzen und die Ricotta-Zucchini-Masse darin bei mittlerer Hitze von beiden Seiten goldbraun braten.

 Das Wenden der Frittata gelingt am einfachsten, indem man die Frittata auf einen Teller stürzt und mit der ungebackenen Seite wieder in die Pfanne gleiten lässt.

Sie können statt Zucchini auch Pilze, Fenchel oder Spinat verwenden.

1 Portion Tomateneier: ca. 246 kcal, 18 g Eiweiß (29E%), 17 g Fett (61E%), 6 g Kohlenhydrate (10E%). Dieses leichte Hauptgericht liefert nur 72 kcal pro 100 g.

1 Portion Ricotta-Zucchini-Frittata: ca. 266 kcal, 16 g Eiweiß (25E%), 20 g Fett (66E%), 6 g Kohlenhydrate (9E%). Dieses leichte Hauptgericht liefert nur 116 kcal pro 100 g.

LOGI-STAR VINCENT KLINK

Hähnchenrouladen mit Mango und Papaya.

4 FÜR 600 g Hähnchen-
brustfilets. 4 Schalotten. 1 Knoblauchzehe. 1 Mango. 1 Papaya.
4 Kumquats. 1 Chilischote. 1 TL frisch geriebener Ingwer. 500
ml brauner Kalbsfond. 500 ml Portwein. 3 EL Butter. Etwas
Johannisbrotkern- oder Guarkernmehl zum Binden. Nach Geschmack Salz und schwarzer Pfeffer aus der Mühle. Zahnstocher, Küchengarn oder Rouladenklammern.

Die Hähnchenbrustfilets abbrausen, trocken tupfen und behutsam flach klopfen. Beidseitig
mit Salz und Pfeffer würzen. Für die Füllung Schalotten und Knoblauch abziehen und fein
hacken. Die Kumquats heiß waschen und mit der Schale in feine Scheiben schneiden. Die
Mango und die Papaya schälen, das Fruchtfleisch vom Kern schneiden und würfeln. Die Chilischote waschen, entkernen und in feine Ringe schneiden.

1 EL Butter erhitzen. Die Hälfte der Schalotten und den Knoblauch darin anschwitzen. Kumquats und jeweils die Hälfte der Mango- und Papayawürfel in der Schalottenbutter kräftig
anbraten. Chili und Ingwer zu den Früchten geben, mit 125 ml Kalbsfond ablöschen. In 10
Minuten offen einkochen lassen. Den Backofen auf 180° (Umluft 160°) vorheizen.

Den Schalotten-Früchte-Mix mit Salz und Pfeffer abschmecken. Diese Füllung gleichmäßig
auf den Hähnchenbrustfilets verteilen. Das Fleisch aufrollen und mit Zahnstochern feststecken oder mit Küchengarn festbinden. Die Hähnchenrouladen in einem Bräter in 2 EL heißer Butter rundherum anbraten und 15 Minuten im Ofen (Mitte) garen. Nach 5 Minuten die
restlichen Schalotten zugeben. Sobald diese sich braun färben, mit dem restlichen Kalbsfond ablöschen.

Die Rouladen auf einer feuerfesten Platte anrichten und im abgeschalteten Ofen warm stellen. Zum Bratenfond im Bräter die restlichen Mango- und Papayawürfel geben, mit Portwein
auffüllen und 2–3 Minuten unter Rühren kochen lassen. Mit Johannisbrotkern- oder Guarkernmehl leicht binden, mit Salz und Pfeffer abschmecken. Die Sauce zu den Hähnchenrouladen servieren.

*1 Portion gefüllte Hähnchenrouladen mit Mango und Papaya: ca. 448 kcal, 51 g Eiweiß (44E%), 22 g Fett
(20E%), 32 g Kohlenhydrate (36E%). Dieses Hauptgericht liefert nur 81 kcal pro 100 g.*

GEFLÜGEL:
DIE LOGI-FLUGSHOW

Zitronen-Hähnchen aus dem Backofen. 2 Hähnchenbrustfilets (etwa 300 g). 1 Knoblauchzehe. 1 Zitrone. Etwas frischer Thymian. 2 EL Olivenöl und etwas Öl für die Form. 125 g Zucchini. 200 g gelbe Paprikaschoten. 1 kleine rote Zwiebel. 8 schwarze Oliven. 100 g geschälte Tomaten aus der Dose. 1 Zweig Rosmarin. 1 Lorbeerblatt. 125 ml Geflügelfond. 20 ml trockener Weißwein. Nach Geschmack Salz und Pfeffer.

Die Hähnchenbrustfilets abbrausen, trocken tupfen und längs halbieren. Die Zitrone auspressen. Den Knoblauch abziehen. Den Thymian waschen, trocken schütteln und die Blättchen abstreifen. Den Knoblauch in den Zitronensaft pressen, mit den Thymianblättchen, Salz und Pfeffer gut verrühren. 1 EL Öl untermischen und die Hähnchen darin 30 Minuten zugedeckt im Kühlschrank marinieren. Zucchini und Paprika waschen, putzen, in mundgerechte Würfel schneiden und mit Salz und Pfeffer würzen. Die Zwiebel abziehen und in Ringe schneiden. Die Oliven entkernen und halbieren. Den Backofen auf 200° (Umluft 180°) vorheizen. Die geschälten Tomaten abtropfen lassen, klein schneiden und mit Salz und Pfeffer abschmecken. Eine Auflaufform dünn einfetten und die Tomaten hineingeben. Die Hähnchenbrustfilets, das Gemüse, 1 Lorbeerblatt, 1 Rosmarinzweig und die Oliven darauf verteilen. Das Gemüse mit Salz und Pfeffer würzen, Geflügelfond und Weißwein angießen. Im Backofen (Mitte) 25–30 Minuten garen.

Hähnchenbrustfilets bestehen aus reinem Muskelfleisch und sind sehr mager. Bei falscher Zubereitung trocknet das Fleisch schnell aus. Diese marinierten, im Ofen gegarten Hähnchenbrustfilets gelingen besonders zart und saftig.

Übrigens unterscheidet man zwischen Hähnchenbrust und Hähnchenbrustfilet! Hähnchenbrustfilets werden küchenfertig angeboten, Hähnchenbrust enthält noch Haut, Brustbein und Knochen und eignet sich besonders zum Grillen oder Schmoren.

1 Portion Zitronen-Hähnchen: ca. 457 kcal, 46 g Eiweiß (41E%), 22 g Fett (43E%), 17 g Kohlenhydrate (16E%). Dieses Hauptgericht liefert nur 74 kcal pro 100 g.

GEFLÜGEL:
DIE LOGI-FLUGSHOW

China-Pfanne mit Hähnchen. 100 g Lauch. 200 g rote oder gelbe Paprikaschoten. 150 g Möhren. 125 g Staudensellerie. 40 g Mungbohnen-Sprossen. 50 g Bambussprossen. 250 g Hähnchenbrustfilet. 2 EL Erdnussöl. 50 ml Sojasauce. 1 Knoblauchzehe. 125 ml Hühnerbrühe. Nach Geschmack Salz, Pfeffer und China-Gewürzmischung.

Das Gemüse putzen und waschen. Den Lauch in sehr feine Ringe schneiden. Die Paprika in feine Streifen, die Möhren in feine Stifte und den Staudensellerie in feine Scheiben schneiden. Mungbohnen- und Bambussprossen in einem Sieb abtropfen lassen.

Das Hähnchenbrustfilet abbrausen, trocken tupfen und in kleine mundgerechte Streifen schneiden. Das Öl in einem Wok erhitzen, bis es raucht. Die Hähnchenstreifen darin kräftig anbraten. Die Sojasauce zugeben und 1–2 Minuten mitschmoren. Die Hähnchenstücke an den Rand des Wok schieben. Nacheinander den Knoblauch und das vorbereitete Gemüse unter Rühren im Wok anbraten. Mit Salz, Pfeffer und China-Gewürzmischung abschmecken. Die Hühnerbrühe zugeben. Mungbohnen und Bambussprossen zufügen und erhitzen. Das Gemüse sollte noch schön knackig sein.

Sherry-Huhn im Gemüsebett. 2 Hähnchenbrustfilets (etwa 250 g). 125 g Brokkoli. 125 g Blumenkohl. 125 g Möhren. 125 g Prinzessbohnen. 250 ml Gemüsebrühe. 1 EL Rapsöl. 50 ml Sherry. 1 TL gekörnte Hühnerbrühe (Instant). ½ TL Butter. 1 EL Sahne. 1 EL Mandelblättchen. Nach Geschmack Salz und Pfeffer.

Die Hähnchenbrustfilets abbrausen, trocken tupfen und in fingerdicke Scheiben schneiden. Das Gemüse putzen und waschen. Die Möhren in dünne Scheiben schneiden, Blumenkohl und Brokkoli in Röschen teilen, die Bohnen in mundgerechte Stücke brechen.

Das Gemüse einzeln in der kochenden Gemüsebrühe bissfest garen. In einem Sieb abtropfen lassen. Die gekörnte Hühnerbrühe in der Gemüsebrühe auflösen. Das Öl in einer Pfanne erhitzen. Die Fleischscheiben salzen, pfeffern und im Öl von beiden Seiten goldbraun braten. Den Sherry zugießen, den Deckel auflegen und das Fleisch schmoren lassen, bis die Flüssigkeit fast verdampft ist. Die Hühnerbrühe angießen. Die Sahne einrühren. Zugedeckt noch 10 Minuten bei mittlerer Hitze köcheln lassen. In der Zwischenzeit die Butter zerlassen und die Mandelblättchen goldbraun rösten. Gemüse und Hähnchenscheiben auf zwei Tellern anrichten, mit der Sauce überziehen. Mit den gerösteten Mandeln bestreuen.

1 Portion China-Pfanne mit Hähnchen: *ca. 354 kcal, 38 g Eiweiß (44E%), 16 g Fett (39E%), 14 g Kohlenhydrate (17E%). Dieses Hauptgericht liefert nur 64 kcal pro 100 g.*

1 Portion Sherry-Huhn im Gemüsebett: *ca. 348 kcal, 37 g Eiweiß (44E%), 15 g Fett (39E%), 16 g Kohlenhydrate (17E%). Dieses Hauptgericht liefert nur 64 kcal pro 100*

Hähnchenschenkel auf Auberginenpüree.

400 g Auberginen. 1 Spritzer Zitronensaft. 60 g Schalotten. 200 g Tomaten. 10 g Butter. 100 ml Milch. 20 g frisch geriebener Parmesan. 2 Hähnchenschenkel (350–400 g). 1½ EL Olivenöl. Nach Geschmack Salz, Pfeffer und Thymian.

Die Aubergine waschen, trocken tupfen und im Backofen auf dem Rost 20–30 Minuten bei 180° (oben, Umluft 160°) rösten, bis die Haut braun und runzlig ist. Die Auberginen kurz mit eiskaltem Wasser abschrecken, vom Stiel aus die Haut abziehen, die Früchte halbieren und die dunklen Kerne herausschaben. Das Fruchtfleisch in sehr kleine Würfel schneiden, in eine Schüssel geben und sofort mit Zitronensaft beträufeln.

Die Butter in einem Topf erhitzen. Die Auberginenwürfelchen zugeben und mit einem Schneebesen kräftig verschlagen. Die Milch nach und nach unterrühren. Bei schwacher Hitze köcheln lassen, bis die Masse sämig wird. Den Parmesan untermischen und das Püree mit Salz und Pfeffer abschmecken.

Die Hähnchenschenkel abbrausen, trocken tupfen und rundum mit Salz und Pfeffer einreiben. Das Öl in einer Pfanne erhitzen, die Hähnchenschenkel darin in etwa 20 Minuten von beiden Seiten knusprig braten, dabei mehrmals wenden.

Inzwischen die Schalotten abziehen und würfeln. Die Tomaten waschen, vom Stielansatz befreien und klein würfeln. Die Hähnchenschenkel aus der Pfanne heben, warm stellen.

Im Fleisch-Bratöl die Schalotten und Tomatenwürfel bei mittlerer Hitze etwa 3 Minuten schmoren. 50 ml Wasser angießen und die Sauce mit Thymian, Salz und Pfeffer würzen. Das Auberginenpüree auf zwei Tellern mit den Hähnchenschenkeln und der Tomatensauce anrichten.

Auberginenmus ist nicht nur in der orientalischen Küche beliebt, auch im Mittelmeerraum und in Russland serviert man es gern – zu gegrilltem Fleisch und Fisch, als Brotaufstrich, als Dip oder pur als Vorspeise. Das Püree lässt sich aufgrund des geringen Eigengeschmacks in vielen Varianten würzen und kann so ganz nach Geschmack dem Aroma des Hauptgerichts angepasst werden. Experimentieren Sie, dieses Püree ist eine prima LOGI-Beilage!

1 Portion Hähnchenschenkel auf Auberginenpüree: ca. 536 kcal, 42 g Eiweiß (32E%), 35 g Fett (58E%), 12 g Kohlenhydrate (10E%). Dieses Hauptgericht liefert nur 92 kcal pro 100 g.

GEFLÜGEL:
DIE LOGI-FLUGSHOW

Hähnchenschenkel auf orientalische Art mit Selleriepüree.

1 kleine Schalotte. 1 kleine Knoblauchzehe. 150 g Naturjoghurt. 1 TL Kurkuma. 1 Spritzer Zitronensaft. 2 Hähnchenschenkel (350–400 g). 450 g Sellerie. 350 ml Gemüsebrühe. 150 g Eisbergsalat. 1 kleine Orange. 50 g Sojasprossen. 1½ EL Olivenöl. 1 EL dunkler Balsamessig (Aceto balsamico). 25 g Sahne. Nach Geschmack Salz und Pfeffer.

Zwiebel und Knoblauch abziehen, die Zwiebeln sehr fein würfeln. Den Knoblauch durch die Presse in den Joghurt pressen, mit Zwiebeln, Salz, Pfeffer, Kurkuma und dem Zitronensaft verrühren. Abschmecken. Die Hähnchenschenkel rundherum mit dieser Joghurtmarinade bestreichen und zugedeckt mindestens **4 Stunden** oder über Nacht im Kühlschrank marinieren.

Den Backofen auf 220° (Umluft 200°) vorheizen. Die Hähnchenschenkel aus der Marinade nehmen und im Ofen (Mitte) etwa 15 Minuten von jeder Seite grillen. In der Zwischenzeit den Sellerie putzen, waschen und in mundgerechte Stücke schneiden. Die Gemüsebrühe erhitzen und den Sellerie darin in 15 Minuten butterweich kochen. In einem Sieb abtropfen lassen.

Den Salat verlesen, waschen und trocken schleudern. Die Sojasprossen in einem Sieb abbrausen und abtropfen lassen. Die Orange schälen, dabei auch die weiße Haut entfernen, und filetieren. Den Eisbergsalat mit Orangenfilets und Sojasprossen anrichten, mit Salz und Pfeffer bestreuen und mit Essig und Öl beträufeln.

Die Sahne steif schlagen. Die Selleriestücke durch die Gemüsepresse drücken, mit Salz und Pfeffer abschmecken und die Sahne unterheben. Das Selleriepüree mit dem Salat zu den Hähnchenschenkeln servieren.

1 Portion Hähnchenschenkel auf orientalische Art: ca. 538 kcal, 44 g Eiweiß (33E%), 31 g Fett (50E%), 20 g Kohlenhydrate (17E%). Dieses Hauptgericht liefert nur 64 kcal pro 100

GEFLÜGEL:
DIE LOGI-FLUGSHOW

GEFLÜGEL:
DIE LOGI-FLUGSHOW

Putenbrust Tomate-Mozzarella. 2 Putenbrustfilets (etwa 300 g). 150 g Strauchtomaten. 75 g Mozzarella. 2 EL Olivenöl und etwas Öl für die Form. 6–10 Basilikumblättchen. 2 TL Basilikum-Pesto. Nach Geschmack Salz, Pfeffer und getrockneter Oregano.

Die Putenbrustfilets abbrausen, trocken tupfen und leicht flach klopfen. Die Tomaten waschen, vom Stielansatz befreien und in Scheiben schneiden. Den Mozzarella in Scheiben schneiden. Den Backofen auf 200° (180° Umluft) vorheizen.

1 EL Öl in einer beschichteten Pfanne erhitzen und die Filets darin von beiden Seiten kurz anbraten. Eine Auflaufform dünn mit Öl einpinseln. Das Fleisch in die Auflaufform legen, mit Salz und Pfeffer würzen und die Oberseite mit Pesto bestreichen. Darauf die Tomatenscheiben, dann die Basilikumblättchen und zum Schluss die Mozzarellascheiben schichten. Mit etwas Olivenöl beträufeln und mit dem Oregano bestreuen. Im Backofen (Mitte) 25–30 Minuten garen. Dazu können Sie Feldsalat, Rucolasalat oder Lollo Rosso servieren.

Involtini mit Käsespinat. 300 g Putenbrustfilets. 2 EL Tomaten-Pesto. 30 g Mozzarella. 4 schwarze Oliven. 1 EL Olivenöl. 50 ml Gemüsebrühe. 20 ml Weißwein. 400 g Blattspinat. 1 EL Butter. 1 Knoblauchzehe. 25 g geriebener Pecorino. 35 g geriebener Parmesan. Nach Geschmack Salz, Pfeffer aus der Mühle und Muskatnuss.

Den Backofen auf 200° (Umluft 180°) vorheizen. Das Fleisch dünn klopfen und beidseitig mit Salz und Pfeffer würzen. Einseitig mit Tomatenpesto bestreichen. Den Mozzarella würfeln, die Oliven entsteinen, vierteln und die Putenbrustfilets damit bestreuen. Die Rouladen einrollen und mit Küchengarn festbinden oder mit einem Zahnstocher feststecken.

Das Öl erhitzen. Die Rouladen darin rundherum kurz anbraten. Herausnehmen und in eine feuerfeste Auflaufform legen. Gemüsebrühe und Weißwein angießen, im Backofen (Mitte) etwa 20 Minuten garen. Inzwischen den Spinat verlesen, waschen und in kochendem Salzwasser 3 Minuten garen. Kalt abschrecken und sanft ausdrücken.

Den Knoblauch abziehen. Die Butter in einer beschichteten Pfanne erhitzen. Den Spinat zugeben, mit Salz, Pfeffer und frisch geriebener Muskatnuss würzen. Den Knoblauch dazupressen, den Käse unterrühren und garen, bis er zerlaufen ist. Zu den Involtini servieren.

1 Portion Putenbrust Tomate-Mozzarella: ca. 348 kcal, 44 g Eiweiß (51E%), 18 g Fett (46E%), 2 g Kohlenhydrate (3E%). Dieses Hauptgericht liefert nur 128 kcal pro 100 g.

1 Portion Involtini mit Käsespinat: ca. 494 kcal, 50 g Eiweiß (41E%), 31 g Fett (55E%), 4 g Kohlenhydrate (4E%). Dieses Hauptgericht liefert nur 115 kcal pro 100 g.

Poulardenbrust mit Wurzelgemüse und Champignon-Ravioli.
80 g Champignons. 1 Schalotte. 10 g Petersilie. 3 TL Olivenöl
und Öl für die Form. 16 Wan-Tan-Teigblätter (etwa 80 g). 1 Ei.
4 Brustfilets von der Maispoularde oder Hähnchenbrustfilets.
800 g gemischtes Gartengemüse, z. B. Sellerie, Lauch, Möhren,
Kohlrabi, Zucchini und Petersilienwurzel. 1,2 Liter Gemüsefond.
Nach Geschmack Salz, Pfeffer und frisch gehackte Gartenkräuter.

Die Champignons abreiben, die Schalotten abziehen und beides fein würfeln. Die Petersilie hacken, alles zusammen in 1 TL heißem Olivenöl anschwitzen.

Die Wan-Tan-Teigblätter nebeneinander auslegen, mit verquirltem Ei bestreichen. Die Champignonmasse auf 8 Blätter verteilen, jeweils ein zweites Wan-Tan-Blatt auflegen. An den Seiten leicht andrücken. Diese Ravioli in sprudelnd kochendem Salzwasser 2 Minuten garen.

Das Gartengemüse putzen, waschen und in Würfel oder Rauten schneiden. In sprudelnd kochendem Salzwasser blanchieren und in eiskaltem Wasser abschrecken. Den Gemüsefond erhitzen, das Gemüse darin erwärmen. Den Backofen auf 180° (Umluft 160°) vorheizen.

Eine Auflaufform dünn einfetten. Die Poulardenbrust abbrausen, trocken tupfen und beidseitig mit Salz und Pfeffer würzen. 2 TL Olivenöl in einer Pfanne erhitzen und das Fleisch darin von beiden Seiten anbraten. In die Form legen und im Backofen (Mitte) in 10–12 Minuten fertig garen.

Das Gartengemüse auf vier tiefe Teller verteilen, die Champignonravioli daraufgeben. Die Poulardenbrust mit einem Messer in Scheiben schneiden, neben den Ravioli anrichten und mit frischen Gartenkräutern garnieren.

1 Portion Poulardenbrust mit Champignon-Ravioli: ca. 546 kcal, 38 g Eiweiß (29E%), 35 g Fett (57E%), 19 g Kohlenhydrate (14E%). Dieses Hauptgericht liefert nur 77 kcal pro 100 g.

GEFLÜGEL:
DIE LOGI-FLUGSHOW

GI-STAR ANDREAS GERLACH

Der Gourmetkoch Andreas Gerlach verzaubert durch feinfühlige Kreationen sowie Aroma-Sensibilität. Jedes Gericht verspricht ein neues Geschmackserlebnis. Nicht umsonst wurden dem jungen Sternekoch 1 Michelin-Stern, 16 Punkte im Gault Milleau und 2 Hauben sowie 2 Feinschmecker-Punkte verliehen. Zu seinen Vorlieben gehören Meeresfrüchte und Fische. Er versteht es, die nordhessische Küche zu verfeinern und sie mit einem mediterranen Hauch zu etwas Besonderem zu machen.

Poulardenbrust auf Asia-Gemüse. 30 ml süßsaure Chilisauce (Fertigprodukt). 2 EL Olivenöl. 1 TL Sesamöl. 2 EL Sojasauce. 1 EL frisch gehackter Ingwer. 20 ml dunkler Balsamessig (Aceto balsamico). 100 g Lauch. 100 g Möhre. 2 kleine Zucchini. Je 1 rote und gelbe Paprikaschote. 80 g Sojasprossen. 100 g Zuckerschoten. 100 g Shiitake-Pilze. 1 EL Erdnussöl. 60 g Glasnudeln. 4 Poulardenbrustfilets mit Haut. 1 EL Rapsöl. 1 Rosmarinzweig. Nach Geschmack Salz und Pfeffer.

FÜR

Für die Marinade Chilisauce, Olivenöl, Sesamöl, Sojasauce, Ingwer und Essig pürieren. Eventuell durch ein Sieb passieren. Lauch, Möhre und Zucchini putzen, waschen und in feine Streifen schneiden. Die Paprikaschoten waschen, halbieren, die Kerne und Trennwände entfernen, mit einem Sparschäler die Haut abziehen und in feine Streifen schneiden. Die Sojasprossen und Zuckerschoten putzen und waschen. Die Pilze abreiben, in Streifen schneiden.

Das Erdnussöl in einer großen Pfanne erhitzen. Möhren- und Paprikastreifen darin etwa 4 Minuten braten, dann Zucchini, Shiitake-Pilze und Lauch zugeben, weitere 4 Minuten braten. Schließlich Zuckerschoten und Sprossen zugeben und 3 Minuten unter Rühren mitbraten.

Inzwischen die Glasnudeln nach Packungsangabe in heißem Wasser einweichen oder kurz kochen. Mit der Marinade unter das gebratene Gemüse mischen.

Die Poulardenbrustfilets abbrausen, trocken tupfen, beidseitig würzen und in einer heißen Pfanne 5–6 Minuten im Rapsöl kross anbraten. Anschließend noch 5 Minuten offen ruhen lassen.

Die Poulardenbrüstchen auf dem Gemüse anrichten.

1 Portion Poulardenbrust auf Asia-Gemüse: ca. 400 kcal, 44 g Eiweiß (45E%), 17 g Fett (37E%) 17 g Kohlenhydrate (21 E%). Dieses Hauptgericht liefert nur 92 kcal pro 100 g.

GEFLÜGEL:
DIE LOGI-FLUGSHOW

Mein Tipp: Verwenden Sie das Brustfleisch der weiblichen Ente. Diese liefert besonders zartes Fleisch. Die Entenbrust kann ihr Aroma am besten entfalten, wenn man sie in der kalten Pfanne ohne Zugabe von Fett ausbraten lässt. Durch die steigende Temperatur brät sich das Fett unter der Haut aus, die Haut wird dadurch knackig und es ist keine weitere Zugabe von Fett mehr nötig. Wichtig: Die Haut muss zuvor rautenförmig eingeritzt werden.

Barbarie-Entenbrust auf Spinat mit Selleriepüree.
1½ kg frischer Blattspinat. 4 Entenbrustfilets von Barbarie-Enten mit Haut. 600 g Sellerie. 200 g Sahne. 1 Schalotte. 1 TL Butter. 1 Knoblauchzehe. 50 g getrocknete Tomaten. Nach Geschmack Salz und Muskat.

Den Blattspinat von den Stielen befreien, in sprudelnd kochendem Salzwasser blanchieren, in Eiswasser abschrecken und in einem Sieb abtropfen lassen. Den Backofen auf 160° (Umluft 140°) vorheizen.

Die Haut der Entenbrust rautenförmig einschneiden. Auf der Hautseite in die kalte Pfanne legen und bei großer Hitze scharf anbraten. Anschließend auf ein Backblech legen und im Backofen (Mitte) 8–10 Minuten garen. Anschließend in Alufolie wickeln und 5–10 Minuten ruhen lassen.

Den Sellerie putzen, waschen, in Würfel schneiden und in sprudelnd kochendem Salzwasser blanchieren. Abgießen, mit der Sahne in einem Topf verrühren, und bei mittlerer Hitze garen, bis der Sellerie butterweich ist. Die Selleriesahne pürieren und warm stellen. Schalotte und Knoblauch abziehen, die Schalotte fein würfeln. Die Butter in einem kleinen Topf erhitzen, den Knoblauch durch die Presse dazupressen und mit Schalottenwürfeln und Spinat anschwitzen. Mit Salz und Muskat abschmecken.

Die getrockneten Tomaten fein würfeln und unter den Spinat mischen. Mit dem Selleriepüree zur Entenbrust servieren.

Wenn Sie jungen Spinat verwenden, müssen Sie diesen vor dem Verarbeiten nicht blanchieren.

Statt die Entenbrust in Alufolie zu wickeln, können Sie sie auch bei etwa 80° im Ofen ruhen lassen.

1 Portion Entenbrust auf Spinat mit Selleriepüree: ca. 583 kcal, 40 g Eiweiß (28E%), 42 g Fett (64E%), 8 g Kohlenhydrate (8E%). Dieses Hauptgericht liefert nur 79 kcal pro 100 g.

Alfons Schuhbeck ist ein Koch mit Charme, Witz und Heimat-verbundenheit. Seine bayerische Küche ist ihm heilig und er schafft es, sie immer wieder auf Sterne-Niveau zu heben. Schuhbeck hat zahlreiche Auszeichnungen: 1 Michelin-Stern, 17 Punkte von Gault Milleau und 3 Hauben, 2 Kochmützen von Varta, 3 Kochlöffel vom Aral Schlemmer-Atlas sowie 4 Feinschmecker-Punkte. Sein Tipp: Das Schweinefilet knapp unter dem Siedepunkt, bestenfalls bei 85°–90° durchziehen lassen. Das Fleisch wird bei dieser niedrigen Temperatur gar, bleibt aber wesentlich saftiger als bei höherer Temperatur und beim Aufschneiden tritt kaum Fleischsaft aus.

Bayerisches Wurzelfleisch. 500 ml Geflügelbrühe. Salz. 1 EL Zucker. 3 EL dunkler Balsamessig (Aceto balsamico). ½ TL Pimentkörner. ½ TL Pfefferkörner. ½ TL Korianderkörner. 1 Lorbeerblatt. 2 Wacholderbeeren. 500 g Schweinefilet. 4 EL Olivenöl. 1 Möhre. 1 Zwiebel. 100 g Knollensellerie. 50 g Lauch. 1 Knoblauchzehe. 1 Scheibe Ingwer. 1 TL Senf. 2 EL Sahnemeerrettich. 30 g Butter. 1 Prise frisch geriebene Muskatnuss. 1 EL Schnittlauchröllchen. Nach Geschmack etwas frischer Meerrettich.

Die Geflügelbrühe einmal aufkochen lassen, mit etwas Salz, Zucker und Essig süß-sauer abschmecken. Piment, Pfeffer, das Lorbeerblatt und die leicht angedrückten Wacholderbeeren hineingeben und auskühlen lassen.

Das Schweinefilet von Sehnen und Fett befreien. In einer Pfanne in 2 EL heißem Öl bei mittlerer Hitze von allen Seiten kurz anbraten. Herausnehmen und in die abgekühlte Würzmarinade legen. **Einen Tag** darin zugedeckt im Kühlschrank marinieren. Das Fleisch aus der Marinade heben. Die Marinade durch ein Sieb gießen und auffangen.

Möhre, Zwiebel, Sellerie und Lauch putzen, bis auf die Zwiebel waschen und jeweils in feine Streifen schneiden. In einem Topf 2 EL Öl erhitzen, das Gemüse bei milder Hitze glasig anschwitzen. Mit der Marinade auffüllen und kurz aufkochen lassen.

Knoblauch abziehen, Ingwer schälen und jeweils fein würfeln. Das Schweinefilet mit Knoblauch und Ingwer zum Gemüse geben und knapp unter dem Siedepunkt 15 bis 20 Minuten saftig durchziehen lassen. Nicht mehr kochen lassen.

Das Fleisch herausheben, den Sud durch ein Sieb in einen zweiten Topf passieren. Mit Senf, Sahnemeerrettich und der Butter mit einem Pürierstab aufschäumen. Mit etwas Muskat und eventuell auch noch etwas Salz abschmecken.

Das Schweinefilet in fingerdicke Scheiben schneiden, mit dem Gemüse und etwas aufgeschäumtem Sud in vier tiefen Tellern anrichten. Frischen Meerrettich darüber hobeln und das Wurzelfleisch mit Schnittlauch bestreuen.

1 Portion Bayerisches Wurzelfleisch: ca. 451 kcal, 37 g Eiweiß (30E%), 30 g Fett (58E%), 9 g Kohlenhydrate (9E%). Dieses Hauptgericht liefert nur 114 kcal pro 100 g.

SCHWEIN:
GESUND? LOGISCH!

Gefüllte Zucchini mit Parmaschinken. 2 Zucchini (etwa 300 g). 200 g Tomaten. 100 g Mozzarella. 50 g Parmaschinken in hauchdünnen Scheiben. 1 TL Olivenöl. Nach Geschmack Salz, Pfeffer und Tomaten-Mozzarella-Salz.

Die Zucchini waschen, putzen, längs halbieren und (nur!) ein wenig aushöhlen. Die Tomaten waschen und in Scheiben schneiden. Den Mozzarella abtropfen lassen und in dünne Scheiben schneiden.

Den Backofen auf 200° (Umluft 180°) vorheizen. Die Zucchini-Hälften mit Salz und Pfeffer würzen. Die Schinkenscheiben auf 2 der 4 Zucchini-Hälften gleichmäßig verteilen, die Tomaten und die Mozzarellascheiben dachziegelartig darauf anordnen. Mit dem Tomaten-Mozzarella-Salz würzen und mit den zweiten Zucchini-Hälften abdecken. Die Zucchini an der Oberseite mit Öl bepinseln und im Backofen auf Alufolie 20–30 Minuten (Mitte) backen.

Knusperschnitzel mit Püree. 300 g Möhren. 125 g Brokkoli. 125 g Blumenkohl. 150 g Gemüsebrühe. 300 g Schweineschnitzel. 1 Ei. 50 g gehackte Haselnüsse. 1 EL Rapsöl. 25 g Butter. 20 g Röstzwiebeln. Nach Geschmack frisch gehackte Petersilie, Salz und Pfeffer.

Die Möhren putzen, waschen und in Scheiben schneiden. Im Schnellkochtopf mit wenig Wasser bei schwacher Hitze in etwa 10 Minuten weich garen. Brokkoli und Blumenkohl putzen, waschen und in Röschen teilen. Die Gemüsebrühe zum Kochen bringen und die Röschen darin bissfest dünsten.

Die Schnitzel mit dem Fleischklopfer behutsam weich klopfen. Von beiden Seiten mit Salz und Pfeffer würzen. Das Ei verquirlen und die Schnitzel darin wenden, anschließend in den gehackten Nüssen wenden. Das Öl in einer Pfanne erhitzen und die Schnitzel darin von beiden Seiten knusprig braten.

Die Möhren abtropfen lassen und durch die Kartoffelpresse drücken. Mit Salz und Pfeffer herzhaft abschmecken, die Hälfte der Butter unterziehen. Die Kohlröschen ebenfalls abtropfen lassen, mit der restlichen Butter im heißen Topf schwenken und mit frisch gehackter Petersilie bestreuen. Das Möhrenpüree mit den Röstzwiebeln bestreuen, mit den Schnitzeln und dem Buttergemüse anrichten.

1 Portion gefüllte Zucchini: ca. 230 kcal, 18 g Eiweiß (31E%), 15 g Fett (57E%), 6 g Kohlenhydrate (12E%). Dieses Hauptgericht liefert nur 70 kcal pro 100 g.

1 Portion Knusperschnitzel mit Püree: ca. 617 kcal, 48 g Eiweiß (32E%), 41 g Fett (58E%), 16 g Kohlenhydrate (10E%). Dieses Hauptgericht liefert nur 106 kcal pro 100 g.

SCHWEIN:
GESUND? LOGISCH!

Schweinemedaillons mit Gemüse-Tagliatelle. 300 g Schweinefilet. 50 g Schinkenspeck in dünnen Scheiben. 200 g Tomaten. 150 g Champignons. Öl für die Form. 60 g Sahne. 150 g Zucchini. 30 g Nudeln, z.B. Fettuccine (Rohgewicht). 1 TL Butter. 150 g Blattsalate der Saison. 2 EL Balsamico-Dressing (Seite 85). Nach Geschmack Petersilie, Salz, Pfeffer und Gewürzmischung Mexiko.

Das Schweinefilet in fingerdicke Scheiben schneiden. Jeweils 1 Scheibchen Schinken mit einem Zahnstocher auf die Filetstücke spießen.

Die Tomaten waschen, vom Stielansatz befreien und fein würfeln. Die Champignons putzen und in Scheiben schneiden. Den Backofen auf 200° (Umluft 180°) vorheizen.

Eine Auflaufform dünn einfetten. Medaillons und Pilze hineingeben. Die Sahne aufschlagen, die Tomatenwürfel unterziehen. Herzhaft mit Salz, Pfeffer und Mexiko-Gewürzmischung abschmecken. Die Tomatensahne über Fleisch und Pilze verstreichen und im Backofen (Mitte) 30 Minuten backen.

Die Zucchini waschen und mit einem Spargelschäler längs in dünne Streifen schneiden. Die Fettuccine in Salzwasser bissfest garen. Kurz vor dem Absieben die Zucchinistreifen dazugeben und etwa eine 1 Minute mitgaren. Die Gemüse-Tagliatelle in ein Sieb abgießen, abtropfen lassen und in eine Schüssel geben. Mit der Butter verfeinern.

Den Salat putzen, waschen, trocken schleudern und auf einem Salatteller anrichten. Mit Salz, Pfeffer und dem Essig-Öl-Dressing würzen. Die Schweinemedaillons mit den Gemüse-Tagliatelle anrichten und mit dem Salat servieren.

Tagliatelle sind Bandnudeln, die in verschiedenen Längen und Breiten angeboten werden. Sie lassen sich aufgrund ihrer Form prima mit den Gemüsestreifen mischen. Sie können aber genauso gut andere Pasta-Sorten verwenden, z.B. Fettuccine.

Vollkorn-Teigwaren wären eine noch bessere Alternative: Sie haben eine niedrigere glykämische Last, sind ballaststoff- und mineralstoffreicher als andere Teigwaren.

1 Portion Schweinemedaillons mit Tagliatelle: ca. 496 kcal, 47 g Eiweiß (39E%), 25 g Fett (45E%), 20 g Kohlenhydrate (16E%). Dieses Hauptgericht liefert nur 84 kcal pro 100 g.

SCHWEIN:
GESUND? LOGISCH!

Lauch-Röllchen mit Schinken.

Lauch-Röllchen mit Schinken. 400 g Lauch. 70 g Edamer in dünnen Scheiben. 100 g Kochschinken in dünnen Scheiben. 1 TL Rapsöl. 150 g Tomaten. 5 g Johannisbrotkernmehl. 50 ml Weißwein. 40 g Sauerrahm. Nach Geschmack frisch gehackte Petersilie, Salz, Pfeffer und Tomaten-Mozzarella-Salz.

Den Lauch putzen, waschen und in fingerlange Stücke schneiden. In sprudelnd kochendem Salzwasser 5–7 Minuten blanchieren. In einem Sieb abtropfen lassen.

Eine Auflaufform mit dem Öl einpinseln. Um jedes Lauchstück je 1 Scheibe Käse und darum dann 1 Scheibe Schinken rollen. Die Röllchen nebeneinander in die Auflaufform legen. Den Backofen auf 200° (Umluft 180°) vorheizen. Die Tomaten waschen, die Stielansätze entfernen und die Tomaten würfeln. Das Johannisbrotkernmehl nach Packungsvorschrift mit etwas Wasser anrühren. Mit dem Weißwein, den Tomatenwürfeln und den Gewürzen mischen, um die Lauch-Röllchen in der Auflaufform gießen.

Im Backofen (Mitte) 30 Minuten backen. Mit einem Klecks Sauerrahm und frisch gehackter Petersilie servieren.

Grill-Spieße mit Zaziki.

Grill-Spieße mit Zaziki. 300 g Schweinefilet. 125 g Cocktail-Tomaten. 125 g rote oder gelbe Paprikaschote. 125 g Champignons. 2 EL Olivenöl. 1 TL getrocknete Kräuter der Provence. 50 g Schinkenspeck in dünnen Scheiben. 200 g Salatgurke. 1 sehr kleine Knoblauchzehe. 150 g Naturjoghurt. 50 g Sauerrahm. Nach Geschmack Salz und Pfeffer. 4 Holzspieße.

Das Schweinefilet in fingerdicke Scheiben schneiden. Tomaten und Paprika waschen, putzen und in mundgerechte Stücke schneiden. Die Champignons abreiben, große Pilze halbieren. Öl, Salz, Pfeffer und Kräuter der Provence verrühren. Die Spieße im Wechsel mit Fleisch, Gemüse und Schinkenspeck bestücken. Mit der Olivenölmarinade bepinseln. Auf dem Grill etwa 10 Minuten von beiden Seiten grillen.

In der Zwischenzeit die Salatgurke waschen und in hauchdünne Scheibchen hobeln. Die Flüssigkeit ausdrücken. Den Knoblauch abziehen und sehr fein hacken. Den Joghurt mit Sauerrahm, Salz, Pfeffer und dem Knoblauch verrühren. Die Gurkenscheiben untermischen und zu den Spießen servieren.

1 Portion Lauch-Röllchen mit Schinken: ca. 314 kcal, 25 g Eiweiß (32E%), 18 g Fett (50E%), 13 g Kohlenhydrate (18E%). Dieses Hauptgericht liefert nur 77 kcal pro 100 g.

1 Portion Grill-Spieße mit Zaziki: ca. 445 kcal, 45 g Eiweiß (45E%), 23 g Fett (45E%), 12 g Kohlenhydrate (10E%). Dieses Gericht liefert nur 77 kcal pro 100 g.

Schweinerollbraten mit Fenchel und Möhrenpüree. 300 g Schweinerollbraten. 1 EL mittelscharfer Senf. 50 g Zwiebel. 1 Tomate. 1 EL Rapsöl. 250 g Möhren. 300 g Fenchel. 2 TL Butter. Nach Ge-   schmack frisch gehackte Petersilie, Salz und Pfeffer.

Den Schweinerollbraten abtupfen, mit Salz und Pfeffer rundherum einreiben und dünn mit Senf bestreichen. Die Zwiebel abziehen und würfeln. Die Tomate waschen, vom Stielansatz befreien und klein würfeln.

Das Öl in einem Topf erhitzen, den Braten darin von allen Seiten kräftig anbraten. Zwiebel- und Tomatenwürfel zugeben und kurz mitbraten. Mit etwas Wasser auffüllen und im geschlossenen Topf etwa 40 Minuten garen.

In der Zwischenzeit die Möhren putzen, waschen und in wenig Salzwasser weich garen. Den Fenchel putzen, waschen und vierteln. In kochendem Salzwasser in 10–15 Minuten bissfest garen. Anschließend abtropfen lassen.

Die Möhren durch die Gemüsepresse drücken oder im Topf pürieren. Das Möhrenpüree mit 1 TL Butter erhitzen, bis die Butter geschmolzen ist. Mit Salz und Pfeffer herzhaft abschmecken und dick mit Petersilie bestreuen.

1 TL Butter in einer Pfanne erhitzen, den Fenchel darin schwenken. Den Braten aus dem Topf nehmen, den Sud mit einer Gabel zerkleinern und zum Braten geben.

Das Fleisch mit dieser Sauce, Möhrenpüree und Butter-Fenchel servieren.

Bereiten Sie gleich eine größere Menge Fleisch zu, der Braten lässt sich sehr gut portionsweise einfrieren.

1 Portion Schweinerollbraten mit Fenchel und Püree: ca. 431 kcal, 37 g Eiweiß (35E%), 27 g Fett (55E%), 11 g Kohlenhydrate (10E%). Dieses Hauptgericht liefert nur 85 kcal pro 100 g.

SCHWEIN:
GESUND? LOGISCH!

RIND, KALB UND LAMM:
EIN LOGI-GENUSS

Saltimbocca mit buntem Salat.

Saltimbocca mit buntem Salat. 150 g Rucola. 200 g Cocktail-Tomaten. 200 g Fenchel. 1 kleine Avocado. 3 EL Balsamico-Dressing (siehe Seite 85). 300 g Kalbsschnitzel in dünnen Scheiben. 15 g Butter. 4 Salbeiblätter. 2 Scheiben Parmaschinken. 2 EL Weißwein. Nach Geschmack Salz und Pfeffer.

Den Rucola verlesen, waschen, trocken schleudern und in kleine Blättchen zupfen. Die Tomaten waschen, vom Stielansatz befreien und halbieren. Den Fenchel putzen, waschen und in hauchdünne Scheiben hobeln. Die Avocado halbieren, den Kern herauslösen, die Avocado schälen und in Würfel schneiden.

Alles auf einem Salatteller arrangieren und mit dem Balsamico-Dressing beträufeln.

Die Schnitzel behutsam flachklopfen. Die Butter in einer Pfanne schaumig erhitzen und die Salbeiblätter darin 1 Minute schwenken, herausnehmen und beiseitestellen.

Die Schinkenscheiben in der Salbeibutter etwa 2 Minuten leicht anbraten, ebenfalls herausnehmen, zum Salbei geben und warm stellen.

Die Kalbsschnitzel in derselben Butter pro Seite etwa 2 Minuten braten. Mit Salz und Pfeffer leicht würzen.

Die Schnitzel auf einem vorgewärmten Teller mit je 1 Scheibe Schinken und 1 Salbeiblatt anrichten. Zugedeckt warm stellen.

Den Bratenfond in der Pfanne mit dem Weißwein ablöschen, etwas Wasser zugeben und erhitzen. Die Saltimbocca mit dem Weißweinfond beträufeln und mit dem Salatteller servieren.

1 Portion Saltimbocca mit Salat: ca. 471 kcal, 40 g Eiweiß (35E%), 30 g Fett (57E%), 8 g Kohlenhydrate (8E%). Dieses Hauptgericht liefert nur 88 kcal pro 100 g.

Mein Tipp: Braune Butter, auch Nussbutter genannt, ist ausgesprochen aromatisch und das feine Butter-Aroma passt nicht nur zum Roastbeef. Erhitzen Sie die gewünschte Menge Butter in einem kleinen Topf bei mittlerer Temperatur langsam, bis sie goldbraun wird und ein nussiges Aroma entwickelt. Anschließend durch ein mit Küchenpapier ausgelegtes Sieb gießen. Im verschlossenen Glas hält sie sich im Kühlschrank mehrere Wochen.

Roastbeef auf Radi mit Petersilien-Pesto. 1 EL geschälte Mandeln. 1–2 EL gebräunte Mandelblättchen. 50 g Butter. 200 g Blattspinat. 2 Bund Petersilie. 1 EL frisch geriebener Parmesan. 50 ml Olivenöl. 600 g weißer Rettich. 800 g Roastbeef ohne Fettrand, küchenfertig. Nach Geschmack Salz, schwarzer Pfeffer aus der Mühle und Zitronensaft.

Mandeln und Mandelblättchen nacheinander separat in einer kleinen Pfanne ohne Fett rösten, bis sie duften. Die Butter bei milder Hitze zerlassen und leicht bräunen – nicht kochen – lassen. Den Spinat und die Petersilie waschen, trocken schleudern und von den Stielen befreien. In sprudelnd kochendem Salzwasser blanchieren, in kaltem Wasser abschrecken und in einem Sieb gut abtropfen lassen. Das übrige Wasser gut ausdrücken.

Spinat und Petersilie grob hacken. Mit Parmesan, den ganzen Mandeln, Olivenöl, brauner Butter, Salz, Pfeffer und Zitronensaft zu einer glatten Paste pürieren. Mit Salz, Pfeffer und Zitronensaft abschmecken. Den Rettich schälen, längs vierteln und in etwa 2 mm dicke Scheiben schneiden. In sprudelnd kochendem Salzwasser in etwa 1 Minute bissfest blanchieren, in kaltem Wasser abschrecken und in einem Sieb abtropfen lassen.

Die Rettichscheiben mit etwas Pesto mischen und gegebenenfalls mit Salz und Pfeffer abschmecken. Zugedeckt kühl stellen. Den Backofen auf 100° (Ober- und Unterhitze) vorheizen. Den Rost in die mittlere Einschubleiste schieben und ein Abtropfblech darunter schieben. Das Öl in einer Pfanne bei mittlerer Temperatur erhitzen und das Roastbeef darin von allen Seiten kurz anbraten, sodass sich die Poren schließen. In Alufolie wickeln, diese oben zusammenkniffen, aber nicht ganz verschließen. Auf den Rost legen und in etwa 3 Stunden im vorgeheizten Ofen (keine Umluft) rosa braten. Anschließend salzen und pfeffern.

Das Roastbeef in Scheiben schneiden und auf warmen Tellern mit dem Radi-Salat anrichten. Den Salat mit den gebräunten Mandelblättchen bestreuen, das restliche Pesto dazu reichen.

1 Portion Roastbeef auf Radi mit Pesto: ca. 551 kcal, 51 g Eiweiß (37E%), 37 g Fett (60E%), 4 g Kohlenhydrate (3E%). Dieses Hauptgericht liefert nur 125 kcal pro 100 g.

RIND, KALB UND LAMM:
EIN LOGI-GENUSS

Scharfe Rindfleischstreifen mit Kürbispüree.

A FÜR **Scharfe Rindfleischstreifen mit Kürbispüree.** 800 g Hokkaido-Kürbis. 1 EL Butter. 250 ml Gemüsebrühe. 100 ml ungesüßte Kokosmilch. 150 ml frisch gepresster Orangensaft. 400 g Rinderfilet. Je 200 g rote und gelbe Paprikaschoten. 2 Frühlingszwiebeln. 2 Knoblauchzehen. 1 TL frisch gehackter Ingwer. 4 EL Sojasauce. ½ TL rote Currypaste. 100 ml Rinderbrühe. 1 TL Speisestärke oder Johannisbrotkernmehl. ½ Bund Koriander. 1 kleine rote Chilischote. 2 EL Rapsöl. 1 EL geröstete Sesamsaat. Nach Geschmack Salz und weißer Pfeffer.

Den Kürbis schälen, entkernen und in kleine Würfel schneiden. In einem Topf die Butter schmelzen. Den Kürbis darin unter Rühren andünsten. Gemüsebrühe, Kokosmilch und Orangensaft zugießen, salzen, pfeffern und den Kürbis 20 Minuten bei schwacher Hitze köcheln lassen.

Inzwischen das Rindfleisch in schmale Streifen schneiden. Paprikaschoten und Frühlingszwiebeln putzen und waschen. Die Paprika in Würfel, die Frühlingszwiebeln in feine Ringe schneiden. Knoblauch abziehen und sehr fein würfeln. Den Koriander waschen, trocken schütteln und fein hacken. Die Chilischote waschen, entkernen und in feine Streifen schneiden. Sojasauce, Currypaste, Rinderbrühe und Stärke gut zu einer Würzpaste verrühren.

Einen Wok erhitzen und 1 EL Öl darin heiß werden lassen. Frühlingszwiebeln, Knoblauch und Ingwer darin anbraten. Das Rindfleisch zugeben und 1–2 Minuten mitbraten, herausnehmen, salzen und pfeffern.

Wiederum 1 EL Öl im Wok erhitzen, die Paprikawürfel darin unter Rühren anbraten. Die Würzpaste zugeben und alles 2–3 Minuten köcheln lassen. Das Fleisch zugeben und in etwa 1 Minute heiß werden lassen, nicht mehr kochen. Die Hälfte des Korianders unterziehen.

Den Kürbis mit einem Kartoffelstampfer zu Püree zerdrücken. Chili und den restlichen Koriander unterziehen, mit Salz und Pfeffer abschmecken. Das Püree mit den scharfen Rindfleischstreifen aus dem Wok auf vier Tellern anrichten. Mit geröstetem Sesam bestreuen und servieren.

INFO *Kürbisfleisch ist kalorienarm, enthält nur wenig Zucker und keine Säure. Beim Hokkaido-Kürbis ist es besonders reich an Ballaststoffen, Beta-Carotinoiden, B-Vitaminen und Vitamin C, Kalium, Magnesium und Eisen. Der Hokkaido gilt als der gesündeste aller Kürbissorten! Eine weitere Besonderheit ist, dass man auch die Schale mitessen kann. Für die Zubereitung dieses Pürees sollte das schön orangefarbene Fruchtfleisch allerdings geschält werden.*

1 Portion Scharfes Rindfleisch mit Kürbispüree: ca. 341 kcal, 29 g Eiweiß (35E%), 16 g Fett (41E%), 19 g Kohlenhydrate (24E%). Dieses Hauptgericht liefert nur 63 kcal pro 100 g.

RIND, KALB UND LAMM:
EIN LOGI-GENUSS

SEITE 133

RIND, KALB UND LAMM:
EIN LOGI-GENUSS

Rindfleisch mit Austernpilzen und Zucchini. 200 g Austernpilze. 200 g mageres Rindfleisch aus der Schulter. 1½ EL Rapsöl. 60 g Zwiebeln. 50 g Schinkenwürfel (mager). 300 g Zucchini. 1 Spritzer Zitronensaft. 50 g Sauerrahm. Nach Geschmack Petersilie, Salz und Pfeffer.

Die Austernpilze unter fließendem Wasser kurz abbrausen, putzen und große Pilze in mundgerechte Stücke schneiden. Das Rindfleisch in mundgerechte Würfel schneiden.

Das Öl in einer Pfanne erhitzen. Die Zwiebel abziehen, würfeln und im Öl glasig dünsten. Das Fleisch zugeben und rundherum gut anbraten. Dann die Schinkenwürfel zugeben und ebenfalls mit anbraten. Schließlich die Pilze zugeben, kurz schmoren lassen. Mit Salz und Pfeffer würzen.

Inzwischen die Zucchini waschen, putzen, längs halbieren und würfeln. Zur Pilzpfanne geben und alles zugedeckt 10 Minuten schmoren. Mit Salz, Pfeffer und etwas Zitronensaft abschmecken. Mit einem Klecks Sauerrahm und mit Petersilie bestreut servieren.

Lammrücken auf Mangoldherzen. 1 Thymianzweig. 1 Rosmarinzweig. 4 Knoblauchzehen. 600 g Lammrücken. 1 EL Olivenöl. 2 Lorbeerblätter. 600 g Mangoldherzen. 2 Schalotten. 20 g Butter. Nach Geschmack Salz, Pfeffer und Muskatnuss.

Thymian und Rosmarin waschen und trocken tupfen. 2 Knoblauchzehen abziehen. Den Lammrücken rundherum salzen und pfeffern. Den Backofen auf 160° (Umluft 140°) vorheizen.

Das Öl in einem Bräter erhitzen und den Lammrücken darin beidseitig anbraten. Rosmarin, Thymian, Lorbeerblätter und die beiden Knoblauchzehen zugeben. Im Ofen (Mitte) 15–20 Minuten garen.

Gegen Ende der Garzeit die Mangoldherzen 1 Minute in sprudelnd kochendem Salzwasser blanchieren, in Eiswasser abschrecken und in einem Sieb abtropfen lassen. Die Schalotte und 2 Knoblauchzehen abziehen und in kleine Würfel schneiden. Die Butter erhitzen, Schalotten- und Knoblauchwürfelchen darin anschwitzen. Die Mangoldherzen darin kurz mitdünsten. Mit Salz, Pfeffer und Muskat würzen.

Den Lammrücken auf dem Mangoldgemüse anrichten und servieren.

1 Portion Rindfleisch mit Austernpilzen: ca. 334 kcal, 31 g Eiweiß (38E%), 20 g Fett (53E%), 6 g Kohlenhydrate (9E%). Dieses Hauptgericht liefert nur 76 kcal pro 100 g.

1 Portion Lammrücken auf Mangoldherzen: ca. 332 kcal, 47 g Eiweiß (58E%), 13 g Fett (35E%), 5 g Kohlenhydrate (7E%). Dieses Hauptgericht liefert nur 102 kcal pro 100 g.

Tomaten-Bohnen-Auflauf mit Lammkoteletts.

Tomaten-Bohnen-Auflauf mit Lammkoteletts. 2 EL Olivenöl und etwas Öl für die Form. 1 Zweig Thymian. 2 Knoblauchzehen. 2 Lammkoteletts (etwa 300 g) 225 g Brechbohnen. 1 Schalotte. 100 ml Gemüsebrühe. 250 g Tomaten. 80 g Mozzarella. Nach Geschmack frisch gehackte Petersilie, Salz und Pfeffer.

Für die Marinade 1½ EL Öl, Salz und Pfeffer verrühren. Die Thymianblättchen abstreifen und untermischen. 1 Knoblauchzehe abziehen und durch die Knoblauchpresse in die Marinade drücken. Die Lammkoteletts von beiden Seiten damit bestreichen und zugedeckt im Kühlschrank 3 Stunden ziehen lassen.

Dann die Bohnen waschen, putzen und in mundgerechte Stücke schneiden. Die Schalotte und die zweite Knoblauchzehe abziehen und fein würfeln.

1 TL Öl erhitzen, Zwiebel und Knoblauch darin glasig dünsten. Die Bohnen zugeben und andünsten. Mit der Gemüsebrühe ablöschen, nach Geschmack mit Salz und Pfeffer würzen. Die Bohnen zugedeckt bei mittlerer Hitze etwa 15 Minuten köcheln lassen.

Inzwischen den Backofen auf 200° (Umluft 180°) vorheizen. Die Tomaten waschen, vom Stielansatz befreien und in Scheiben schneiden. Den Mozzarella abtropfen lassen und ebenfalls in Scheiben schneiden.

Eine Auflaufform dünn einfetten. Bohnen und Tomaten abwechselnd hineinschichten, mit dem Mozzarella belegen und im Backofen (Mitte) in 15 Minuten überbacken.

In der Zwischenzeit die Lammkoteletts auf dem Grill oder in einer Pfanne von beiden Seiten jeweils 5–7 Minuten grillen bzw. braten.

Den Auflauf mit gehackter Petersilie bestreuen und mit den Lammkoteletts anrichten.

INFO INFO INFO INFO INFO

Als Lammfleisch wird Fleisch von Tieren bezeichnet, die nicht älter als ein Jahr sind. Dabei unterscheidet man noch zwischen Milchlämmern, die mindestens acht Wochen, aber nicht älter als sechs Monate sind, und Mastlämmern, deren Fleisch dunkelrosa und nur leicht mit Fett durchwachsen ist.

Lammfleisch ist ein überaus wohlschmeckendes Fleisch und in der Zubereitung ähnlich vielseitig wie Rindfleisch. Es enthält viele wertvolle Nährstoffe: Vitamin A und C, B-Vitamine, Eisen, Kalium und Kalzium. Mageres Lammfleisch enthält etwa 28–29 Prozent Eiweiß. Das Lendenkotelett ist ein Teilstück des Lammrückens. Das aufliegende Rückenfett ist ein ausgezeichneter Geschmacksträger und sollte erst nach dem Braten entfernt werden.

1 Portion Tomaten-Bohnenauflauf mit Lammkoteletts: ca. 540 kcal, 40 g Eiweiß (30E%), 38 g Fett (62E%), 10 g Kohlenhydrate (8E%). Dieses Hauptgericht liefert nur 109 kcal pro 100 g.

RIND, KALB UND LAMM: EIN LOGI-GENUSS

Lamm-Spieße mit Minz-Raita und Kürbitoffeln. 250 g Lammfleisch aus der Keule. 2 Knoblauchzehen. 4 EL Weißwein. 1½ EL Olivenöl. 1 TL getrockneter Oregano. 2–3 Zweige frischer Rosmarin. 400 g Hokkaido-Kürbis. 1½ EL Rapsöl. 50 ml Gemüsebrühe. 1 Bund frische Minze. 150 g Vollmilchjoghurt. 1 TL Zitronensaft. 2 EL Wasser. Nach Geschmack Salz und Pfeffer. 2 Holzspieße.

Das Lammfleisch abbrausen, trocken tupfen und in Würfel schneiden. Den Knoblauch abziehen und durch die Presse in eine Schüssel drücken. Mit Weißwein, 1 EL Olivenöl, dem Oregano und etwas frischem Rosmarin verrühren. Das Fleisch in diese Marinade einlegen und 1 Stunde zugedeckt kalt stellen. Zwischendurch einmal wenden.

Dann den Kürbis schälen und in etwa 5 cm lange und 2 cm dicke Stücke schneiden. Eine Auflaufform mit ½ EL Rapsöl dünn einpinseln und die Kürbisstücke gleichmäßig darin verteilen. Mit Salz und Pfeffer würzen, die Rosmarinzweige darauflegen und alles mit ½ EL Olivenöl beträufeln. Die Gemüsebrühe angießen.

Die Minze waschen, trocken schütteln und fein hacken. Mit Joghurt, Zitronensaft, dem Wasser, Salz und Pfeffer cremig rühren. Mit Salz und Pfeffer abschmecken.

Den Backofen auf 200° (Umluft 180°) vorheizen. Die Rosmarin-Kürbitoffeln im Backofen (Mitte) etwa 10 Minuten backen bzw. bis sie die gewünschte Konsistenz haben.

Währenddessen die Lammfleischwürfel auf die Holzspieße spießen. Das Rapsöl in einer Pfanne erhitzen und die Lammspieße darin rundherum braun braten. Mit Minz-Raita und den Rosmarin-Kürbitoffeln servieren.

 Um das Öl dünn und gleichmäßig auf den Kürbitoffeln zu verteilen, eignet sich ein Öl-Feindosierer, eine Art Pumpzerstäuber. Backen Sie den Kürbis nicht zu lange, sonst wird er schnell mehlig.

1 Portion Lamm-Spieße mit Minz-Raita und Kürbitoffeln: ca. 497 kcal, 42 g Eiweiß (34E%), 28 g Fett (50E%), 16 g Kohlenhydrate (16E%). Dieses Hauptgericht liefert nur 103 kcal pro 100 g.

KANINCHEN,
WILDSCHWEIN UND CO

Apfelmost, Apfelwein, Viez oder – wie die Hessen sagen – Ebbelwoi wird aus einer Mischung verschiedener Apfelsorten gekeltert. Für seine Herstellung kommen nur die säurehaltigen älteren Apfelsorten aus dem Streuobstanbau infrage, die dem Naturprodukt seinen vollen, herb sauren Geschmack verleihen. Apfelmost hat einen niedrigen Alkoholgehalt von 5,5–7 Prozent; der Alkohol verfliegt bei diesem Gericht durch das lange Kochen.

Stallhas' in Most und Süßwein. 4 Kaninchenkeulen (etwa 600 g). 1 Knoblauchzehe. 150 ml Apfelsaft. 150 ml Apfelmost. 1 Zweig Thymian. 2 Lorbeerblätter. 1 TL weiße Pfefferkörner. 1 Msp. Piment. 1 Schalotte. 1 TL Mehl. 150 ml Geflügel- oder Kalbsfond. 1 Tasse weiße Weintrauben, kernlos. 200 g Crème fraîche. 1 Blumenkohl. 1 EL Butter. Nach Geschmack Salz und Pfeffer.

Die Kaninchenkeulen waschen, trocken tupfen und zerteilen. Den Knoblauch abziehen und fein hacken. Mit Apfelsaft, Apfelmost, Thymian, Lorbeerblättern, Pfefferkörnern und Piment verrühren. Die Kaninchenkeulen darin abgedeckt im Kühlschrank etwa **12 Stunden** marinieren. Die Keulen aus der Marinade heben, abtupfen. 1 EL Butter in einer Pfanne erhitzen und die Kaninchenkeulen darin rundherum goldbraun braten. Herausnehmen, die Pfefferkörner aus der Marinade fischen.

Für die Sauce die Schalotte abziehen, fein würfeln und in der noch heißen Kaninchen-Butter anschwitzen. Mit dem Mehl bestäuben, mit der Marinade und dem Fond aufgießen und einmal aufkochen lassen.

Die Kaninchenkeulen mit Salz und Pfeffer würzen, in die Sauce geben. Bei milder Hitze zugedeckt 20 Minuten schmoren lassen. Die Kaninchenkeulen aus der Sauce heben und warm stellen. Den Blumenkohl putzen – dabei aber im Ganzen belassen – waschen und mit dem Strunk nach oben in sprudelnd kochendem Salzwasser 15 Minuten kochen lassen.

Inzwischen die Sauce bei starker Hitze 15 Minuten dicklich einkochen. Lorbeerblätter und Thymian herausfischen, dann die Crème fraîche unterrühren und die Sauce noch etwas einkochen. Die Trauben in der Sauce erhitzen, nicht mehr kochen lassen. Mit Salz und Pfeffer abschmecken. Den Blumenkohl mit einem Schaumlöffel herausheben, abtropfen lassen und mit den Röschen nach oben auf einem Servierteller anrichten. Die Kaninchenteile wieder in die Sauce geben und dazu servieren.

1 Portion Stallhas' in Most: ca. 493 kcal, 38 g Eiweiß (31E%), 29 g Fett (53E%), 20 g Kohlenhydrate (16E%). Dieses Hauptgericht liefert nur 101 kcal pro 100 g.

Mein Tipp: Ziehen Sie die Kaninchenkeule dem Kaninchenrücken vor. Die Keulen sind »kochstabiler«. Und das Fleisch hat nicht den typischen Wild-Geschmack, sondern ein eher dezentes Aroma. Weniger empfehlenswert sind tiefgekühlte Kaninchenkeulen, da sie weniger saftig sind – das beeinträchtigt den Geschmack des ganzen Gerichts!

FÜR

Kaninchenkeule mit Schmorgemüse aus dem Ofen. 4 Kaninchenkeulen (etwa 600 g). 2 EL Olivenöl. 2 EL Tomatenmark. 60 ml Weißwein. 12 Fingermöhren mit Grün. 4 Schalotten (etwa 80 g). 1 Knoblauchzehe. 250 g Champignons. 80 g grüne Bohnen. 100 g Staudensellerie. 150 ml dunkler Kalbsfond. Nach Geschmack frisch gehackte Petersilie oder etwas frischer Thymian, Salz, Pfeffer und frischer Rosmarin.

Den Backofen auf 200° (Umluft 180°) vorheizen. Die Kaninchenkeulen abbrausen, trocken tupfen, rundherum mit Salz und Pfeffer würzen. Das Öl im Bräter stark erhitzen, die Keulen darin von beiden Seiten anbraten. Anschließend im Ofen (untere Schiene) etwa 20 Minuten zugedeckt schmoren lassen.

Den Bräter herausnehmen, das Tomatenmark einrühren, im Ofen kurz rösten. Mit Weißwein ablöschen, die Kaninchenkeulen damit bestreichen und noch 10 Minuten glasieren.

Währenddessen die Fingermöhren putzen und waschen, das Grün nicht abschneiden. Die Schalotten und den Knoblauch abziehen, vierteln. Die Champignons abreiben, vierteln. Die Bohnen waschen, die Enden anbschneiden und die Bohnen halbieren. Den Sellerie putzen, waschen und in Rauten schneiden. Die Kräuter waschen, trocken schütteln, je nach Sorte eventuell hacken.

Das Gemüse und den Rosmarin in den Schmortopf geben und alles noch 10–15 Minuten schmoren. Wenn die Flüssigkeit eingedickt ist, den Kalbsfond angießen. Aus dem Ofen nehmen und mit frischen Kräutern z.B. Petersilie oder gehacktem Thymian, verfeinern. Im Bräter servieren.

1 Portion Kaninchenkeule mit Schmorgemüse: ca. 281 kcal, 39 g Eiweiß (57E%), 11 g Fett (32E%), 5 g Kohlenhydrate (11E%). Dieses Hauptgericht liefert nur 70 kcal pro 100 g.

KANINCHEN, WILDSCHWEIN UND CO.

Wildschweinrouladen mit Rotkraut. 2 kleine rote Zwiebeln. ½ Kopf Rotkohl. 2 Scheiben Wildschwein aus der Keule (etwa 300 g. 2 TL mittelscharfer Senf. 4 dünne Scheiben durchwachsener Speck. 1 EL Butterschmalz. 100 ml Wildfond. 100 ml Rotwein. 3 Lorbeerblätter. 3 Wacholderbeeren. 1 EL Olivenöl. 3 EL dunkler Balsamessig (Aceto balsamico). ½ TL Johannisbrotkernmehl. 1 EL geschlagene Sahne. Nach Geschmack Balsamessig (Aceto balsamico), Salz und rosa Pfeffer. Küchengarn oder Zahnstocher.

Die Zwiebeln abziehen, in sehr feine Ringe schneiden. Den Rotkohl putzen, vierteln und fein hobeln.

Das Fleisch behutsam dünn klopfen, beidseitig mit Salz und Pfeffer würzen. Einseitig mit Senf bestreichen und jeweils mit 2 Scheiben Speck belegen. Darauf die Hälfte der Zwiebel-ringe verteilen, das Fleisch zu Rouladen aufrollen und mit Küchengarn festbinden oder mit Zahnstochern feststecken.

Das Butterschmalz in einer Pfanne erhitzen und die Rouladen darin rundherum anbraten. Mit Fond und Wein ablöschen. 1 Lorbeerblatt und die Wacholderbeeren dazugeben, mit Salz und Pfeffer würzen und 15 Minuten schmoren lassen.

In einer zweiten Pfanne die restlichen Zwiebeln im heißen Öl glasig dünsten. Den Rotkohl zugeben und unter ständigem Rühren 5 Minuten garen. Mit Essig und 2 Lorbeerblättern noch 10 Minuten bei niedriger Temperatur garen. Sollte die Flüssigkeit verdampfen, noch etwas Wasser angießen. Das Rotkraut mit Salz und Pfeffer und nach Geschmack noch etwas Essig abschmecken.

Die Wildschweinrouladen aus der Pfanne nehmen, Lorbeerblatt und Wacholderbeeren ent-fernen. Das Johannisbrotkernmehl mit wenig kaltem Wasser glattrühren und zügig in den Bratenfond einrühren. Die Sauce einmal aufkochen lassen, mit der Sahne verfeinern und nicht mehr kochen lassen.

Die Rouladen mit der Sauce übergießen und mit dem Rotkraut servieren.

1 Portion Wildschweinrouladen mit Rotkraut: ca. 429 kcal, 38 g Eiweiß (36E%), 22 g Fett (46E%), 18 g Koh-lenhydrate (18E%). Dieses Hauptgericht liefert nur 80 kcal pro 100 g.

HACKFLEISCH IN
LOGI-KOMBINATION

Parmesan-Hackbällchen mit Tomatensauce. 200 g gemischtes Hackfleisch. 1 Ei und 1 Eiweiß. 30 g geriebener Parmesan. 1 EL fein gehackte glatte Petersilie. 1 Knoblauchzehe. 1½ EL Olivenöl. 1 kleine Zwiebel. 3 Blätter frisches Basilikum. 1 kleine Dose stückige Tomaten (400 g). 1 TL Tomatenmark. 1 TL getrockneter Oregano. Nach Geschmack Salz, Pfeffer und Chilipulver.

Das Hackfleisch mit dem Ei, dem Eiweiß, Parmesan und der gehackten Petersilie gut verkneten. Den Knoblauch abziehen, fein hacken und ebenfalls untermengen. Mit Salz und Pfeffer würzen. Aus der Hackfleischmasse kleine Bällchen formen.

1 EL Öl in einer Pfanne erhitzen. Die Bällchen darin kurz anbraten und wieder herausnehmen.

Die Zwiebel abziehen und in feine Ringe schneiden. Die Basilikumblättchen in Streifen schneiden und mit den Zwiebelringen im Bratfett andünsten. Die stückigen Tomaten zufügen, mit Salz, Pfeffer, Tomatenmark, Oregano sowie Chilipulver würzen und 5 Minuten köcheln lassen. Dann die Hackbällchen zugeben und in der Tomatensauce 5–7 Minuten garen.

Varianten:

Hackbällchen mit schwarzen Oliven und getrockneten Tomaten: 10 schwarze entsteinte Oliven und 5 getrocknete Tomaten ganz klein schneiden und unter die Hackfleischmasse mengen.

Hackbällchen nach griechischer Art: Mischen Sie statt Petersilie 1 EL frisch gehackten Koriander und 50 g Fetakäse in feinen Würfelchen unter die Hackfleischmasse.

TIPP *Servieren Sie die Hackbällchen mit einer großen Schüssel gemischtem Salat.*

1 Portion Parmesan-Hackbällchen mit Tomatensauce: ca. 464 kcal, 8 g Eiweiß (29E%), 8 g Fett (64E%), 2 g Kohlenhydrate (7E%). Dieses leichte Hauptgericht liefert nur 112 kcal pro 100 g.

Frikadellen mit Zucchinicreme und buntem Gemüse.
125 g Blumenkohl. 125 g Brokkoli. 125 g Möhren. 100 g Zwiebeln. 225 g Rinderhackfleisch. 1 Ei und 1 Eiweiß. 30 g geraspelter Parmesan. 1½ EL Rapsöl. 200 g Zucchini. 10 g Butter. 30 ml Milch. 50 g Kräuterfrischkäse. Nach Geschmack Petersilie, Salz und Pfeffer.

Blumenkohl und Brokkoli putzen, waschen und in Röschen teilen. Die Möhren putzen, waschen und in feine Scheiben schneiden. Das Gemüse in kochendem Salzwasser in 10–15 Minuten bissfest garen. Anschließend abtropfen lassen. Die Zwiebeln abziehen, würfeln. Das Hackfleisch mit Salz, Pfeffer, der Hälfte der Zwiebelwürfel, Ei und Eiweiß sowie mit dem Parmesankäse verkneten. Das Öl in einer beschichteten Pfanne erhitzen. Aus dem Hackfleisch kleine Frikadellen formen und im heißen Öl in 10–15 Minuten von beiden Seiten knusprig braten.

Die Zucchini waschen, putzen und fein raspeln. Die Butter in einem Topf erhitzen, die restlichen Zwiebelwürfel darin glasig dünsten. Die Zucchiniraspel kurz mit anbraten, dann die Milch angießen. Den Deckel aufsetzen und alles etwa 10 Minuten bei mittlerer Hitze garen. Die Zucchini fein pürieren, den Kräuterfrischkäse unterziehen und mit Salz und Pfeffer abschmecken, mit Petersilie garnieren. Frikadellen mit Gemüse und der Zucchinicreme servieren.

Hackbraten mit Gemüseteller.
125 g Zwiebeln. 1 Knoblauchzehe. 150 g Möhren. 250 g gemischtes Hackfleisch. 125 g Quark (20% Fett). 1 Ei. 1 TL Olivenöl. 40 g Schinkenspeck. 150 g Tomaten. 200 g Paprikaschoten. 1 TL Butter. 200 g Brechbohnen. 20 g Pinienkerne. Nach Geschmack frisch gehackte Petersilie, Salz und Pfeffer.

Zwiebeln und Knoblauch abziehen und fein würfeln. Die Möhren putzen, waschen und würfeln. Das Hackfleisch mit den Zwiebeln, Knoblauch, Möhren, Quark und dem Ei gut vermengen. Eine kleine Kastenform dünn mit dem Öl einfetten. Die Hackfleischmasse einfüllen und mit Schinkenspeck belegen. Den Backofen auf 200° (Umluft 180°) vorheizen.

Die Tomaten waschen, vom Stielansatz befreien und in Scheiben schneiden. Dachziegelartig auf dem Schinkenspeck verteilen. Im Backofen (Mitte) etwa 30 Minuten backen. Inzwischen die Paprikaschoten waschen, putzen und in feine Streifen schneiden. In der Butter bissfest dünsten. Die Bohnen waschen, putzen und in mundgerechte Stücke schneiden. In Salzwasser 12–15 Minuten bissfest garen, in einem Sieb abtropfen lassen. Die Pinienkerne in einer beschichteten Pfanne ohne Fett rösten. Bohnen und Paprika auf einem Teller anrichten, mit Petersilie und Pinienkernen bestreuen. Mit Salz und Pfeffer abschmecken und zum Hackbraten servieren.

1 Portion Frikadellen mit Zucchinicreme: ca. 576 kcal, 42 g Eiweiß (29E%), 40 g Fett (62E%), 12 g Kohlenhydrate (9E%). Dieses Hauptgericht liefert nur 105 kcal pro 100 g.

1 Portion Hackbraten mit Gemüse: ca. 640 kcal, 47 g Eiweiß (30E%), 40 g Fett (55E%), 23 g Kohlenhydrate (15E%). Dieses Hauptgericht liefert nur 96 kcal pro 100

HACKFLEISCH IN
LOGI-KOMBINATION

Krautwickel. 300 g Weißkohl oder Wirsing. 80 g Zwiebeln. 1 kleine Knoblauchzehe. 125 g Möhren. 150 g gemischtes Hackfleisch. 100 g Speisequark (40% Fett). 1 kleines Ei. 1 TL Olivenöl. 200 g Tomaten. 120 ml Gemüsebrühe. 30 g Sahne. Nach Geschmack frisch gehackte Petersilie, Salz und Pfeffer. Rouladenklammern oder Küchengarn.

Den Weißkohl putzen, die Blätter vorsichtig ablösen und waschen. Die Stielansätze herausschneiden. Die Kohlblätter in sprudelnd kochendem Salzwasser etwa 3 Minuten blanchieren. In einem Sieb abtropfen lassen.

Zwiebeln und Knoblauch abziehen und in Würfel schneiden. Die Möhren putzen, waschen und ebenfalls würfeln.

Das Hackfleisch mit Zwiebeln, Knoblauch, Möhren, Quark und dem Ei gut vermengen. Die Krautblätter ausbreiten und in die Mitte je einen Klecks der Hackfleischmischung geben. Die Blätter zu Rouladen aufrollen und mit Rouladenklammern befestigen.

Den Backofen auf 200° (Umluft 180°) vorheizen. Eine Auflaufform mit dem Öl einpinseln. Die Krautwickel hineinsetzen und auf dem Herd von allen Seiten kräftig anbraten.

Die Tomaten waschen, den Stielansatz herausschneiden, die Tomaten sehr fein würfeln. Mit der Gemüsebrühe zu den Krautwickeln geben. Im Backofen etwa 30 Minuten schmoren. Herausnehmen und die Sahne unter die Tomatensauce rühren. Mit Petersilie bestreut servieren.

 Sie können die Krautwickel auch mit etwas Öl zunächst in einer Pfanne anbraten und dann in die Auflaufform setzen.

1 Portion Krautwickel: *ca. 440 kcal, 28 g Eiweiß (25E%), 30 g Fett (60E%), 16 g Kohlenhydrate (15E%). Dieses Hauptgericht liefert nur 75 kcal pro 100 g.*

HACKFLEISCH IN
LOGI-KOMBINATION

Chili con Carne. 60 g Zwiebel. ½ oder 1 sehr kleine Knoblauch-zehe. 1½ EL Olivenöl. 200 g gemischtes Hackfleisch. 80 g pürierte Tomaten (Fertigprodukt). 200 g Kidney-Bohnen (Dose). 100 g weiße Bohnen (Dose). 2 EL Joghurt. 1 Spritzer Zitronensaft. 10 g frische Kräuter, z.B. Schnittlauch. 100 g Möhren. 100 g Zucchini. 100 g Fenchel. 200 g rote und gelbe oder grüne Paprikaschoten. 150 g Eisbergsalat. Nach Geschmack Salz, Pfeffer und Gewürzmischung Mexiko.

Zwiebel und Knoblauch abziehen, die Zwiebel fein würfeln, den Knoblauch durch die Presse drücken. Das Öl in einer Pfanne erhitzen, Zwiebel und Knoblauch darin glasig dünsten.

Das Hackfleisch zugeben und kräftig anbraten. Nach Geschmack mit Salz, Pfeffer und der Gewürzmischung würzen. Das Tomatenpüree unterrühren und alles etwa 15 Minuten bei mittlerer Hitze und geschlossenem Deckel garen. Die Bohnen in einem Sieb abtropfen lassen, in die Pfanne geben und aufkochen lassen. Erneut mit den Gewürzen abschmecken und in 10 Minuten fertig garen.

Den Joghurt mit Zitronensaft und den gehackten Kräutern verrühren, mit etwas Salz abschmecken. Möhren und Zucchini putzen, waschen und fein raspeln. Fenchel und Paprika putzen, waschen und in dünne Scheiben schneiden. Den Eisbergsalat putzen, waschen und die Blätter zerpflücken. Die Salate auf einem Salatteller bunt anrichten und mit dem Joghurt-Dressing beträufeln. Das Chili con Carne mit dem Salat servieren.

TIPP: Bereiten Sie gleich größere Mengen zu. Chili con Carne lässt sich gut einfrieren und ist außerdem ein prima Gästeessen auf jeder LOGI-Party!

INFO: OHNE Rezepte für »Paprika mit Fleisch« gab es bereits im 17. Jahrhundert. Es ranken sich viele Legenden um dieses Gericht, welche wohl wahr ist? Tatsache ist, dass es sich ursprünglich um ein »Arme-Leute-Essen« handelte, für das zähes Fleisch mit Paprika, Tomaten, Bohnen und vielen Gewürzen stundenlang weich geschmort wurde. Bis heute gibt es unzählige Varianten, dieses beliebte Gericht aus Südamerika zuzubereiten – mal werden nur Fleisch, Tomaten und Gewürze verwendet, mal wandern zusätzlich Bohnen und andere Gemüsesorten in den Topf.

1 Portion Chili con Carne: ca. 553 kcal, 35 g Eiweiß (26E%), 30 g Fett (48E%), 35 g Kohlenhydrate (26E%). Dieses Hauptgericht liefert nur 81 kcal pro 100 g.

HACKFLEISCH IN
LOGI-KOMBINATION

Gefüllte Paprika. 2 rote Paprikaschoten (etwa 400 g). 100 g Zwiebeln. 1 Knoblauchzehe. 150 g Möhren. 200 g gemischtes Hackfleisch. 100 g Magerquark. 1 Ei. 1 TL Olivenöl. 200 g Tomaten. 120 ml Gemüsebrühe. 25 g Sahne. Nach Geschmack Petersilie, Salz und Pfeffer.

Die Paprikaschoten waschen, um die Stielansätze einen Deckel herausschneiden, die Kerne und die Trennwände entfernen. Zwiebeln und Knoblauch abziehen und fein würfeln. Die Möhren putzen, waschen und klein würfeln. Eine Auflaufform dünn mit Öl einpinseln. Das Hackfleisch gut mit Quark, Zwiebeln, Knoblauch, Möhren und Ei vermischen. Die Paprika mit dieser Masse füllen, den »Deckel« aufsetzen und in die Auflaufform stellen.

Den Backofen auf 180° (Umluft 160°) vorheizen. Die Tomaten waschen, vom Stielansatz befreien und sehr klein würfeln. In der Auflaufform um die Paprika verteilen, die Gemüsebrühe angießen. Im Backofen (Mitte) etwa 30 Minuten schmoren.

Vor dem Servieren die Sahne zugeben und mit dem Tomatengemüse verrühren. Mit frisch gehackter Petersilie bestreuen und servieren.

Wirsing-Lasagne mit dreierlei Käse. 300 g Wirsing. 100 g Zwiebeln. 1 kleine Knoblauchzehe. 120 g gemischtes Hackfleisch. 1 Ei. 1 TL Olivenöl. 50 g Edamer. 50 g Mozzarella. 50 g Gorgonzola. 150 g Tomaten. Nach Geschmack Salz und Pfeffer.

Den Wirsing putzen, die Blätter im Ganzen vorsichtig ablösen und waschen. Die dicken Stielansätze herausschneiden. In sprudelnd kochendem Salzwasser etwa 3 Minuten blanchieren, abtropfen lassen. Zwiebeln und Knoblauch abziehen und fein würfeln. Das Hackfleisch mit Zwiebeln, Knoblauch und Ei gut vermengen.

Edamer und Mozzarella fein raspeln, den Gorgonzola in feine Würfel schneiden. Die Tomaten waschen, vom Stielansatz befreien und klein würfeln. Mit dem Gorgonzola mischen und mit Salz und Pfeffer leicht würzen. Den Backofen auf 200° (Umluft 180°) vorheizen.

Eine Auflaufform mit Öl einpinseln, mit einem Drittel der Wirsingblätter auslegen. Die Hackfleischmasse darauf verteilen und mit Edamer bedecken. Darauf die Hälfte des restlichen Wirsings legen und mit der Tomaten-Gorgonzola-Mischung bedecken. Die übrigen Wirsingblätter darauf auslegen. Mit geraspeltem Mozzarella bestreuen und im Backofen (Mitte) etwa 40 Minuten backen.

1 Portion gefüllte Paprika: ca. 465 kcal, 31 g Eiweiß (27E%), 27 g Fett (51E%), 24 g Kohlenhydrate (22E%). Dieses leichte Hauptgericht liefert nur 71 kcal pro 100 g.

1 Portion Wirsing-Lasagne mit dreierlei Käse: ca. 520 kcal, 37 g Eiweiß (29E%), 38 g Fett (64E%), 9 g Kohlenhydrate (7E%). Dieser Auflauf liefert nur 117 kcal pro 100 g.

FÜR

Garnelen-Spieße auf exotischem Fruchtbett. Je 1 kleine rote und gelbe Paprikaschote. 100 g Mango. 2 Orangen, am besten Blutorangen. 300 g rohe, glasige Garnelen – gibt es sogar schon aufgespießt. 2 EL Rapsöl. Nach Geschmack Salz, rosa Pfefferbeeren, Chilipulver und Currypulver. 4 Holzspieße.

Die Paprikaschoten und die Mango putzen und in Würfel schneiden. 1 Orange auspressen, 1 Orange schälen, dabei auch die weiße Haut entfernen, und die Orange filetieren.

Die Garnelen kalt abbrausen, trocken tupfen und auf 4 Spieße verteilen. Mit Salz und Pfeffer würzen und mit ein wenig Curry bestäuben. 1 EL Öl in einer beschichteten Pfanne erhitzen. Die Paprika darin anbraten und 3–4 Minuten garen. Währenddessen in einer zweiten, beschichteten Pfanne die Garnelenspieße in 1 EL Öl anbraten und mit 1 EL Orangensaft ablöschen.

Das Paprikagemüse mit Curry, Chili und rotem Pfeffer würzen. Den Orangensaft angießen und die Orangenfilets zugeben, ½ Minute köcheln. Die Mango zufügen und im Paprikagemüse erwärmen – sie sollte auf keinen Fall zu stark erhitzt werden!

Das exotische Fruchtbett auf vier Tellern anrichten und je einen Garnelenspieß darauflegen.

FÜR

Lachsröllchen mit Gurkensalat. 3 Eier. 2 EL Milch. 1 TL Butter. 300 g Salatgurke. 70 g Vollmilchjoghurt. Saft von einer ½ Zitrone. 1–2 EL Mineralwasser. 40 g Räucherlachs. 1 TL Sahnemeerrettich. 1 EL Kresse. Nach Geschmack Salz, Pfeffer und gehackter Dill.

Die Eier mit Salz, Pfeffer und der Milch verquirlen. Die Butter in einer beschichteten Pfanne erhitzen. Die Eier hineingeben und braten, bis das Omelett von unten Farbe angenommen hat. Mithilfe eines Tellers wenden und in etwa 5 Minuten fertig braten.

In der Zwischenzeit die Gurke waschen, trocken tupfen und in sehr feine Scheiben hobeln. Den Joghurt mit Zitronensaft, Dill, Salz und Pfeffer würzen. Mit dem Mineralwasser cremig rühren. Unter die Gurkenscheiben mischen. Das Omelett auf einen großen Teller oder ein Küchenbrett gleiten lassen. Mit dem Räucherlachs belegen, mit Sahnemeerrettich bestreichen und die Kresse darüber streuen. Das Omelett aufrollen und in etwa 2 cm dicke Scheiben schneiden. Die Lachsröllchen mit dem Gurkensalat servieren.

1 Portion Garnelen-Spieße auf Fruchtbett: ca. 425 kcal, 34g Eiweiß (34E%), 16 g Fett (34E%), 31 g Kohlenhydrate(31E%). Dieses leichte Hauptgericht liefert nur 81 kcal pro 100 g.

1 Portion Lachsröllchen mit Gurkensalat: ca. 253 kcal, 19 g Eiweiß (30E%), 17 g Fett (58E%), 7 g Kohlenhydrate (12E%). Dieses leichte Hauptgericht liefert nur 76 kcal pro 100 g.

FISCH
AUS OZEAN UND MEER

Kabeljau auf geschmorten Gartengurken. 4 Freilandgurken oder kleine Schmorgurken (etwa 600 g). 2 TL Butter. 1 Zweig Dill. 800 g Kabeljaufilet mit Haut. 1½ EL Olivenöl. 2 Thymianzweige. 150 ml Fischsauce (siehe Rezept S. 158). Nach Geschmack Salz und Pfeffer.

Zunächst die Fischsauce zubereiten. Die Gurken schälen, halbieren und mit einem Löffel die Kerne entfernen. Die Gurken in gleichmäßige Würfel schneiden und in 1 TL heißer Butter weich dünsten. Den Dill waschen, trocken schütteln und fein hacken. Zu den Gurken geben, mit Salz und Pfeffer würzen. Das Kabeljaufilet kalt abbrausen, trocken tupfen, in vier gleichmäßige Portionen schneiden und auf der Fleischseite mit Salz und Pfeffer würzen. Das Olivenöl in einer Pfanne erhitzen, die Kabeljaufilets auf der Hautseite darin anbraten. Den Fisch wenden, 1 TL Butter und die Thymianzweige zugeben. Die aufschäumende Butter mit einem Löffelchen auf den Fisch träufeln.

Die Fischsauce eventuell noch einmal aufschäumen und zum Fisch servieren.

Lachs in Limetten-Bärlauch-Butter mit Parmesan-Spargel. 500 g weißer Spargel. 200 g Blattspinat. 2 Lachsfilets mit Haut (etwa 300 g). 1½ EL Limettensaft. 30 g weiche Butter. 1 EL fein gehackter Bärlauch. 30 g frisch geriebener Parmesan. Nach Geschmack Salz und Pfeffer.

Den Spargel schälen und in reichlich Salzwasser mit einer Prise Zucker in 12–15 Minuten nicht zu weich garen. Den Spinat verlesen, waschen und in kochendem Salzwasser etwa 3 Minuten garen.

Die Lachsfilets auf der Fleischseite mit etwas Limettensaft einreiben, mit Salz und Pfeffer würzen. 1 TL Butter in einer beschichteten Pfanne erhitzen und den Lachs darin von beiden Seiten kurz anbraten. 1 EL Butter mit dem fein gehackten Bärlauch, dem übrigen Limettensaft und etwas Salz cremig schlagen. Mit Salz und Pfeffer abschmecken. Den Lachs in eine Auflaufform legen und mit der Limetten-Bärlauch-Butter übergießen.

Den Backofen auf 180° (Umluft 160°) vorheizen. Den Spargel in zwei Portionen aufteilen und jeweils die untere Hälfte der Spargel-Bündel mit Spinat umwickeln. Anschließend in eine zweite Auflaufform geben, großzügig mit Parmesan bestreuen und Butterflocken darauf verteilen. Spargel und Lachs im Backofen (Mitte) 10 Minuten garen.

TIPP *Statt Spinat können Sie auch Mangold oder Rucola verwenden*

1 Portion Kabeljau auf geschmorten Gartengurken: ca. 349 kcal, 36 g Eiweiß (41E%), 11 g Fett (49E%), 3 g Kohlenhydrate (10E%). Dieses Hauptgericht liefert nur 101 kcal pro 100 g.

1 Portion Lachs in Limetten-Bärlauch-Butter: ca. 525 kcal, 43 g Eiweiß (33E%), 34 g Fett (58E%), 12 g Kohlenhydrate (9E%). Dieses Hauptgericht liefert nur 96 kcal pro 100 g.

FISCH AUS OZEAN UND MEER

Lauwarmer Lachs auf geschmolzenen Tomaten.

Lauwarmer Lachs auf geschmolzenen Tomaten. 4 Tranchen Lachs ohne Haut (etwa 600 g). 600 g Tomaten. 2 EL Olivenöl. 2 Stängel Basilikum. 1 Thymianzweig. 200 g Rucola. 2 EL dunkler Balsamessig (Aceto balsamico). Nach Geschmack Salz und Pfeffer.

Die Lachstranchen mit Salz und Pfeffer würzen, im Wasserdampf oder in einem Fischdämpfer bei nicht zu hoher Temperatur (ca. 70°) in 8–10 Minuten gar ziehen lassen. Die Tomaten über Kreuz einschneiden, den Stielansatz entfernen und die Früchte mit kochendem Wasser überbrühen, 1 Minute ziehen lassen, kalt abschrecken und die Haut abziehen. Die Tomaten vierteln, die Kerne entfernen und die Viertel gleichmäßig würfeln.

1 EL Olivenöl in einer Pfanne erhitzen, die Tomatenwürfel darin bei mittlerer Hitze kurz erwärmen, nicht kochen lassen. Die Basilikumblättchen in Streifen schneiden, den Thymian waschen, trocken schütteln und die Blättchen abzupfen. Die Tomaten mit den Kräutern würzen, mit Salz und Pfeffer abschmecken. Den Rucola verlesen, waschen, trocken schleudern und mit 1 EL Olivenöl und dem Essig mischen. Nach Geschmack mit Pfeffer würzen. Den Lachs auf den lauwarmen Tomaten mit dem Rucolasalat anrichten.

Sie können auch Fleischtomaten verwenden. Dazu schmecken etwas gehobelter Parmesan und geröstete Pinienkerne sehr gut.

1 Portion Lachs auf geschmolzenen Tomaten: ca. 352 kcal, 33 g Eiweiß (38E%), 22 g Fett (56E%), 5 g Kohlenhydrate (6E%). Dieses Hauptgericht liefert nur 97 kcal pro 100 g.

Christian Henze – Starkoch aus dem Allgäu. Er ist eigentlich überall präsent. Im Radio, im Fernsehen (über 200 Sendungen) – auf allen Programmen begegnet man dem Sternekoch – und natürlich auch im Buchhandel. Christian Henze hat schon zahlreiche Kochbücher veröffentlicht: Ob italienische Küche, asiatische Küche oder außergewöhnliche Retro-Rezepte, er weiß, was das Herz begehrt, und gibt seine Rezepte gerne weiter! Seine Kochkunst wird mit 1 Michelin-Stern, 3 Kochlöffeln vom Aral Schlemmer-Atlas, 3 Feinschmecker-Punkten, 16 Punkten von Gault Milleau, 8 Punkten von Marcellinos belohnt.

GF-STAR CHRISTIAN HENZE

Tomatenfisch mit Spinat-Flan. 500 g frischer Blattspinat oder 400 g tiefgekühlter Blattspinat. 2 Schalotten. 40 g Butter. 50 g geriebener Bergkäse. 80 g Crème fraîche. 2 Knoblauchzehen. 2–4 Fleischtomaten (etwa 400 g). 1 EL Olivenöl. 600 g Dorschfilet. 1 TL getrockneter Oregano. Nach Geschmack Salz, weißer Pfeffer und frisch geriebene Muskatnuss.

FÜR 4

Frischen Spinat verlesen, putzen und sehr gründlich waschen. Tiefgekühlten Spinat rechtzeitig auftauen lassen. Eine Handvoll Blätter beiseitelegen, den Rest tropfnass in einem Topf ohne Fett bei mittlerer Hitze zusammenfallen lassen. Den Backofen auf 200° (Umluft 180°) vorheizen.

Die Schalotten abziehen und klein würfeln. Drei Viertel der Butter in einem zweiten Topf erhitzen, die Schalotten darin andünsten. Den Topf vom Herd nehmen. Den Spinat ausdrücken, grob hacken und mit Käse und Crème fraîche zu den Schalotten geben. Alles pürieren, mit Salz, Pfeffer und Muskat abschmecken. Die restlichen Spinatblätter grob hacken und unter das Spinatpüree ziehen.

Vier kleine Soufflé-Förmchen mit der restlichen Butter einfetten und mit je einem Viertel der Spinatmasse füllen. Die Förmchen in eine feuerfeste Form setzen und vom Rand heißes Wasser angießen, bis die Förmchen halbhoch im Wasser stehen. Im Ofen (Mitte) 25–30 Minuten garen.

Für den Tomatenfisch den Knoblauch abziehen und fein hacken. Die Tomaten waschen, vom Stielansatz befreien und in grobe Stücke schneiden. In einer großen Pfanne das Olivenöl erhitzen. Den Knoblauch darin bei mittlerer Hitze unter Rühren anbraten, aber nicht braun werden lassen. Die Tomatenstücke zugeben und mit Salz, Pfeffer und Oregano würzen. 10 Minuten unter gelegentlichem Rühren ein wenig einkochen lassen.

Inzwischen die Dorschfilets waschen, trocken tupfen und in große Stücke teilen. Mit Salz und Pfeffer würzen. Nach 10 Minuten auf das Tomatensugo legen und abgedeckt noch etwa 6–8 Minuten köcheln lassen, bis der Fisch gar ist. Die Form mit den Spinat-Flans aus dem Ofen nehmen, auf Teller stürzen und den Tomatenfisch dazu anrichten. Sofort servieren.

1 Portion Tomatenfisch mit Spinat-Flan: ca. 376 kcal, 37 g Eiweiß (41E%), 23 g Fett (53E%), 5 g Kohlenhydrate (6E%). Dieses Hauptgericht liefert nur 86 kcal pro 100 g.

FISCH
AUS OZEAN UND MEER

Kleiner Tipp aus dem LOGI-Programm beim systemed Verlag: Das LOGI-Menü von Franca Mangiameli – die völlig neue Kochbuchidee. Nominiert für den Gourmand World Cookbook Award 2010. Je 50 köstliche LOGI-Rezeptideen für raffinierte Vorspeisen, Hauptgerichte und Desserts vollbringen – zusammengestellt im dreiteiligen, attraktiven Flipchart – ein kleines mathematisches Küchenwunder: über 100.000 abwechslungsreiche Menüideen für LOGI-Freunde – und alle, die es noch werden wollen.

Beispielrezept aus »Das LOGI-Menü«

Lachsfilet mit fruchtigem Spinatsalat. 2 Scheiben Lachs (300 g). 1 TL Zitronensaft. 1 Knoblauchzehe. 4 TL Olivenöl. 1 ½ TL Dijon-Senf. 1 TL Thymianblättchen. 125 g frischer Spinat. 1 rote Zwiebel. 1 Orange. ½ rosa Grapefruit. 2 EL Aceto balsamico. 1 EL Orangensaft. Nach Geschmack Salz und Pfeffer.

Backofen auf 220° (Umluft 200°) vorheizen. Den Lachs kalt abbrausen, trocken tupfen und mit Zitronensaft beträufeln. Knoblauch abziehen, durchpressen. 1 TL Öl, 1 TL Senf, Knoblauch und Thymian verrühren und die Oberseite des Fischs damit bestreichen.

Eine feuerfeste Form mit Öl auspinseln und den Lachs hineinlegen. Im Backofen (oben) ca. 25 Minuten garen. Den Spinat verlesen, gut waschen und trocken schleudern. Die Zwiebel abziehen und in feine Ringe schneiden.

Die Orange und die Grapefruit samt der weißen Haut schälen und filetieren. Für das Dressing Essig, Orangensaft, ½ TL Senf und 3 TL Öl gut mixen. Den Salat kurz vor dem Servieren mit dem Dressing beträufeln und salzen. Den Fisch mit Meersalz und Pfeffer aus der Mühle würzen und mit dem Salat servieren.

1 Portion Lachsfilet mit fruchtigem Spinatsalat: *ca. 440 kcal und 14 g Kohlenhydrate*

LOGI-METHODE. Das LOGI-Menü. Logisch kombiniert: 50 Vorspeisen, 50 Hauptgerichte, 50 Desserts. Von Franca Mangiameli.
978-3-927372-60-3 — 29,95 EUR

FISCH
AUS OZEAN UND MEER

GL-STAR ANDREAS GERLACH

Der Seeteufel ist ein klasse Fisch! Er hat zartes, weißes Fleisch und ist praktisch grätenfrei. Er gelingt in allen Variationen, ob pochiert, gebraten oder gedünstet.

Mein Tipp: Die Fischsauce von Seite 158 passt hervorragend zu diesem Gericht. Umgießen Sie die Medaillons mit 100 ml dieser feinen Sauce, um das Aroma noch zu unterstreichen.

Seeteufel mit Zwiebelkonfit und Olivenjus.

4 FÜR **Seeteufel mit Zwiebelkonfit und Olivenjus. 500 g Zwiebeln. 350 ml Geflügelfond. 1 Thymianzweig. 1 EL Honig. 1 EL Sherry-Essig. 1 EL geschlagene Sahne. 120 g schwarze Oliven ohne Stein. 50 g getrocknete Tomaten. 100 ml Kalbsfond. 1 Bund Petersilie. 2 EL Olivenöl. 600 g Seeteufelfilet, in Medaillons geschnitten. 20 g Butter. Nach Geschmack Salz und Pfeffer.**

Die Zwiebeln abziehen und in Ringe schneiden. In einem Topf mit dem Geflügelfond zum Kochen bringen und im offenen Topf köcheln lassen, bis die Flüssigkeit fast verdunstet ist.

Den Thymianzweig, Honig, Essig, Salz und Pfeffer zugeben und aufkochen lassen. Die Sahne unterrühren und das Zwiebelkonfit warm stellen.

Die Petersilie waschen, trocken schütteln, die Blättchen fein hacken. Die Oliven vierteln, die getrockneten Tomaten in Streifen schneiden. Das Öl in einem kleinen Topf erhitzen, Oliven, Tomaten, Kalbsfond und Petersilie darin kurz aufkochen.

Die Seeteufel-Medaillons abbrausen, mit Küchenpapier trocken tupfen und in der heißen Butter anbraten. Die Medaillons auf dem Zwiebelkonfit anrichten und die Olivenjus angießen.

Servieren Sie jeweils einen Klecks Crème fraîche zu den Medaillons.

Der Begriff »Zwiebelkonfit« ist übrigens eine saloppe Übersetzung des französischen »Confiture d'oignons«: »Zwiebelkonfitüre«. Die süß-sauer eingekochten Zwiebeln werden meist als Beilage zu Ragouts, Pasteten, Terrinen und Wildgerichten serviert. Zu den gebratenen Seeteufel-Medaillons schmecken sie einfach genial!

1 Portion Seeteufel mit Zwiebelkonfit: ca. 435 kcal, 32 g Eiweiß (30E%), 29 g Fett (59E%), 11 g Kohlenhydrate (11E%). Dieses Hauptgericht liefert nur 98 kcal pro 100 g.

1 Portion Seeteufel mit Zwiebelkonfit und 25 ml Fischsauce: ca. 471 kcal, 32 g Eiweiß (28E%), 32 g Fett (61E%), 12 g Kohlenhydrate (11E%). Dieses Hauptgericht liefert nur 100 kcal pro 100 g.

FISCH
AUS OZEAN UND MEER

FÜR

Steinbutt in Safransauce auf mediterranem Gemüse. 100 g Safransauce (Rezept siehe unten). 200 g Fenchel. 100 g Sahne. 600 g Steinbuttfilet. 1 Zucchino. 1 Aubergine. 1 rote Paprikaschote. 2 Artischocken. 2 EL Olivenöl. 150 g schwarze Oliven ohne Stein. 1 Thymianzweig. 10 g Butter. Nach Geschmack Salz und schwarzer Pfeffer aus der Mühle.

Die Safransauce wie unten beschrieben vorbereiten und auf die Hälfte einköcheln lassen. Währenddessen den Fenchel putzen, waschen, klein schneiden und in sprudelnd kochendem Salzwasser blanchieren. In ein Sieb abgießen, etwas abtropfen lassen. Anschließend mit der Sahne weich kochen und pürieren. Zucchino, Aubergine und Paprika waschen, putzen und in Würfel schneiden. Die Artischockenböden mit einem scharfen Messer von den äußeren Blättern befreien, bis der Boden sauber sichtbar ist. Mit einem Kugelausstecher das Stroh der Artischockenböden ausstechen. Artischockenböden würfeln. Sahne und Milch in die Safransauce rühren, und diese weiter einkochen lassen. 1 EL Öl in einer Pfanne erhitzen und das Gemüse darin anbraten. Mit Salz und Pfeffer abschmecken. Die Oliven zugeben.

Das Steinbuttfilet abbrausen, trocken tupfen und mit Salz und Pfeffer würzen. In einer Pfanne 1 EL Öl erhitzen und das Fischfilet darin von beiden Seiten braten. Den Thymianzweig und die Butter zugeben und 1 Minute mitbraten. Das Fischfilet mehrmals mit der Salbeibutter übergießen. Den Steinbutt herausheben, mit Gemüse, Fenchelpüree und Safransauce servieren.

Safransauce. 50 g Möhre. 50 g Fenchel. 1 Schalotte. 2 Tomaten. 1 EL Olivenöl. 10–12 Safranfäden (0,1 g). 10 cl Noilly Prat (Wermut). 10 cl Weißwein. 2 cl Pernod. 300 ml Fischfond. 150 g Sahne. 50 ml Vollmilch. 80 g kalte Butter. Nach Geschmack Salz.

Möhre und Fenchel putzen, waschen und in kleine Würfel schneiden. Die Schalotte abziehen und fein hacken. Die Tomaten waschen, vom Stielansatz befreien und fein würfeln.

Das Öl in einem kleinen Topf erhitzen, Gemüse, Schalotte und Tomaten darin andünsten. Den Safran zufügen, mit Noilly Prat und dem Weißwein ablöschen. Den Pernod zugeben und mit Fischfond auffüllen. Die Sauce im offenen Topf auf die Hälfte einkochen lassen. Sahne und Milch zugeben und weiter leise köcheln lassen, bis die Sauce um etwa ein Drittel dicklich eingekocht ist. Die Safransauce durch ein feinmaschiges Sieb passieren, mit Salz abschmecken und mit den kalten Butterflöckchen aufmixen.

1 Portion Steinbutt in Safransauce: ca. 500 kcal, 32 g Eiweiß (26E%), 36 g Fett (63E%), 13 g Kohlenhydrate (11E%). Dieses Hauptgericht liefert nur 96 kcal pro 100 g.

100 ml Safransauce: ca. 148 kcal, 1 g Eiweiß (5E%), 13 g Fett (76E%), 6 g Kohlenhydrate (19E%). Diese Sauce liefert pro Portion (25 g) nur 37 kcal.

FISCH
AUS OZEAN UND MEER

Ralf Zacherl – immer spontan und kreativ. Der junge Sternekoch ist Sinnbild einer neuen, modernen Trendküche. 1997 erhielt er 1 Michelin-Stern und 16 Punkte von Gault Milleau. 2002 wurde er zum »Berliner Meisterkoch« gekürt. Durch seine lebendige Fernsehsendung »Zacherl – einfach kochen« auf ProSieben machte er das Kochen auch für jüngere Zuschauer zum Happening. Seine Kochphilosophie? »Ich bemühe mich immer, aus wenigen und einfachen Zutaten etwas Köstlich-lecker-frappierend-überraschendes zu kochen.«

LOGI-STAR RALF ZACHERL

Gratiniertes Tofuschnitzel mit Thunfisch. 4 Scheiben Tofu (400 g). 100 g getrocknete Kichererbsen. 250 ml Gemüsebrühe (aus gekörnter Instant-Brühe). 100 g Sojasprossen. ½ Bund Koriander. ½ Bund Petersilie. 1 unbehandelte Limone. 1 kleine Papaya (etwa 150 g). 200 g Thunfisch. 2 Eigelbe. 200 ml Sojadrink natur. 1 EL Rapsöl und etwas Öl für die Form. Nach Geschmack Salz und Pfeffer.

FÜR

Die Tofuscheiben zum Trocknen zwischen Küchenpapier legen, würzen und in einer Pfanne in 1 EL Öl von beiden Seiten gut anbraten. Eng nebeneinander in eine leicht gefettete Auflaufform legen. Die Kichererbsen mit der Gemüsebrühe kochen, bis sie so weich sind, dass man sie mit einem Mixstab zu einem Püree mixen kann. Die Kichererbsen pürieren und fingerdick gleichmäßig auf dem Tofu verstreichen.

Die Kräuter waschen, trocken schütteln und fein hacken. Die Sprossen waschen und in einem Sieb abtropfen lassen. Die Limone heiß waschen, trocken tupfen, die Schale abreiben und den Saft auspressen. Den Backofen auf 180° (Umluft 160°) vorheizen.

Die Papaya schälen, die Kerne entfernen und das Fruchtfleisch in feine Würfel schneiden. Mit Kräutern und Sprossen mischen, mit Limonenschale, -saft, Salz, Pfeffer und Koriander abschmecken. Den Salat auf der Kichererbsencreme verteilen.

Den rohen Thunfisch in dünne Scheiben schneiden. Mit Salz und Pfeffer würzen und fächerförmig auf dem Salat anrichten. Die Eigelbe mit Sojamilch verquirlen und über das »Sandwich« gießen. Für 3 Minuten im Ofen bei Oberhitze stocken lassen.

Wenn Sie die getrockneten Kichererbsen am Vortag einweichen, werden sie schneller gar. Ersatzweise können Sie auch 1 kleine Dose Kichererbsen (400 g) verwenden.

1 Portion gratiniertes Tofuschnitzel: ca. 401 kcal, 33 g Eiweiß (33E%), 22 g Fett (50E%), 17 g Kohlenhydrate (17E%). Dieses Hauptgericht liefert nur 106 kcal pro 100 g.

FISCH AUS HEIMISCHEN
GEWÄSSERN

»Es gibt nichts besseres als was Guats,« so Schuhbeck, und das Gute liegt immer ganz nah! Hierzu zählt auch der in diesem Rezept verwendete Bachsaibling. Sein Tipp: Die 24-stündige Vorbereitung ist nicht arbeitsintensiv, sondern nur zeitaufwändig, und sie lohnt sich! Falls Sie ein Vakuumiergerät zur Hand haben, geben Sie die Marinade und den Fisch in eine Gefriertüte und vakuumieren Sie alles. So kann er für zwei Tage im Kühlschrank marinieren, muss nicht gewendet werden und die Marinade zieht durch den leichten Druck gut in den Fisch ein.

Gebeizter Saibling mit Schnittlauchsauce.

Je 3 Streifen (fingerbreit und etwa 4 cm lang) unbehandelte Orangen- und Zitronenschale. 2 Bund Dill. 1 Bund glatte Petersilie. 1 TL Senfkörner. 1 TL Korianderkörner. ½ TL Wacholderbeeren. 1 TL schwarze Pfefferkörner. 30 g Salz. 15 g Zucker. 400 g Saiblingsfilet mit Haut. 1 EL Olivenöl. 100 g Crème fraîche. 3 EL Milch. 1 TL scharfer Senf. ½ TL Zitronensaft. 1 EL Schnittlauchröllchen. 1 Prise Cayennepfeffer. 400 g Salatgurke. 2 EL Rapsöl. 2 EL weißer Balsamessig (Balsamico bianco). Nach Geschmack Salz und Pfeffer.

Zitronen- und Orangenschalen in dünne Stifte schneiden. Für die Beize Dill und Petersilie waschen, trocken schütteln, grob hacken und mit Senfkörnern, Korianderkörnern, leicht angedrückten Wacholderbeeren, grob zerstoßenen Pfefferkörnern, Salz und Zucker gut mischen. Die Saiblingsfilets kalt abbrausen, trocken tupfen und mit der Hautseite nach unten in eine große Auflaufform oder Reine legen. Die Beize großzügig über das Filet verteilen. Mit dem Olivenöl beträufeln.

Die Saiblingsfilets mit Frischhaltefolie bedecken und **8–12 Stunden**, am besten über Nacht, im Kühlschrank ruhen lassen. Am nächsten Tag die Filets wenden und noch einmal mindestens **12 Stunden** im Kühlschrank durchziehen lassen.

Crème fraîche, Milch, Senf, Zitronensaft und Schnittlauch gut miteinander verrühren und mit Salz und Cayennepfeffer würzen. Die Gurke schälen und in dünne Scheiben hobeln. Essig mit Salz und Pfeffer verrühren, das Olivenöl unterschlagen. Die Gurken mit diesem Dressing mischen.

Die Beize vom Filet entfernen, die Fischfilets kurz unter kaltem Wasser abbrausen, trocken tupfen und kurz vorm Servieren in hauchdünne Scheiben schneiden. Die Haut dabei entfernen. Sauce und Salat separat zum Fisch reichen.

1 Portion gebeizter Saibling: ca. 274 kcal, 22 g Eiweiß (32E%), 17 g Fett (54E%), 10 g Kohlenhydrate (14E%). Dieses Hauptgericht liefert nur 100 kcal pro 100 g.

FÜR

Zanderklößchen in Kerbelschaum. 100 ml Fischsauce (Rezept siehe unten). 250 g Zanderfilet ohne Haut und Gräten. 300 g Fenchel. 250 g eiskalte Sahne. 2 cl Portwein. 1 Spritzer Zitronensaft. 1 Messerspitze Cayennepfeffer. 1 Bund Kerbel. Nach Geschmack Salz.

Zunächst die Fischsauce nach untenstehendem Rezept zubereiten. Das Zanderfilet waschen, trocken tupfen und würfeln. Zugedeckt im Eisfach des Kühlschranks gut durchkühlen lassen, bis es leicht angefroren ist. Inzwischen das Fenchelpüree zubereiten: Den Fenchel putzen, waschen, klein schneiden und in sprudelnd kochendem Salzwasser blanchieren. In ein Sieb abgießen, etwas abtropfen lassen. Anschließend mit 150 g Sahne weich kochen und pürieren.

Salzwasser in einem großen Topf zum Kochen bringen, den Thymianzweig hineingeben. Den Zander mit 100 g Sahne, Portwein und Zitronensaft pürieren. Den Kerbel waschen, trocken schütteln, fein hacken und untermischen.

Mit zwei Löffeln Nocken vom Fischpüree abstechen, im siedenden Thymianwasser in 8–10 Minuten gar ziehen lassen. Währenddessen die Fischsauce mit Kerbel aufmixen und mit dem Fenchelpüree zu den Zanderklößchen servieren.

Variante: Außerhalb der Saison können Sie den Kerbel durch Rucola, Petersilie oder Kresse ersetzen.

Fischsauce. 500 ml Fischfond. 200 ml trockener Weißwein. 200 g Sahne. 1 EL Crème fraîche. 1 Thymianzweig. 2 EL Olivenöl. 50 g kalte Butter. Nach Geschmack frisch gepresster Zitronensaft.

Fischfond und Weißwein zum Kochen bringen und im offenen Topf so lange köcheln lassen, bis sich die Menge auf etwa die Hälfte reduziert hat. Dann Sahne und Crème fraîche hinzufügen und dicklich einkochen lassen.

Den Thymianzweig hineingeben und die Sauce noch 10–15 Minuten ziehen lassen. Nicht mehr kochen. Anschließend durch ein Sieb passieren und mit dem Olivenöl und der kalten Butter aufschäumen, zum Beispiel mit dem Pürierstab. Mit Zitronensaft abschmecken.

1 Portion Zanderklößchen in Kerbelschaum: ca. 262 kcal, 16 g Eiweiß (25E%), 19 g Fett (64E%), 6 g Kohlenhydrate (11E%). Dieses leichte Hauptgericht liefert nur 119 kcal pro 100 g.

100 ml Fischsauce: ca. 142 kcal, 1 g Eiweiß (5E%), 13 g Fett (81E%), 4 g Kohlenhydrate (14E%). Diese Sauce liefert nur 38 kcal pro Portion (25 g).

FISCH AUS HEIMISCHEN GEWÄSSERN

Zander in Zitronensauce. 600 g Brech- oder Prinzessbohnen. ½ Zitrone. 1 Knoblauchzehe. 3 EL Olivenöl. 2 EL trockener Weißwein. 1–2 EL frisch gehackte glatte Petersilie. 3 TL Sahne. 600 g Zanderfilet. 1½ EL Rapsöl. Nach Geschmack weißer Balsamessig (Balsamico bianco).

Die Bohnen waschen und putzen. Die Zitronenhälfte auspressen. Den Knoblauch abziehen. Die Bohnen in sprudelnd kochendem Salzwasser 12–15 Minuten garen. Anschließend in einem Sieb abtropfen lassen.

1 EL Olivenöl mit dem Zitronensaft und dem Weißwein verrühren. Die Knoblauchzehe dazupressen, die Petersilie sowie die Sahne zugeben und gut unterrühren.

Das Zanderfilet kalt abbrausen, trocken tupfen. Das Rapsöl in einer beschichteten Pfanne erhitzen und das Zanderfilet darin von beiden Seiten anbraten. Dann die Hitze reduzieren und die Zitronensauce zugeben. Etwa ½ Minute mitgaren und den Fisch vom Herd nehmen.

Die Bohnen mit Salz, Pfeffer, Essig und 2 EL Olivenöl abschmecken. Das Zanderfilet mit etwas Petersilie und 2 Zitronenscheiben garnieren. Mit dem Bohnensalat servieren.

1 Portion Zander in Zitronensauce: ca. 310 kcal, 34 g Eiweiß (44E%), 17 g Fett (47E%), 7 g Kohlenhydrate (9E%). Dieses Hauptgericht liefert nur 94 kcal pro 100 g.

Alle Fischfilets, die mit der Haut gebraten werden, lässt man bei mittlerer Temperatur möglichst lange auf der Hautseite liegen. Die Haut schmeckt am besten kross gebraten und schützt zugleich das zarte Fischfleisch vor dem Austrocknen. Das Zanderfilet zieht nach dem Wenden in der Nachhitze der Pfanne durch. Dickere Fischfilets – wie z. B. Lachs – kommen noch für 5–10 Minuten in den auf 100° vorgeheizten Backofen. Fisch lässt sich besonders gut in beschichteten Pfannen braten. Mein persönlicher Tipp für die Zubereitung von Zander: Sobald sich der Fisch in der Pfanne nach oben wölbt, umdrehen und bei niedriger Hitze gar ziehen lassen.

Gebratener Zander mit eingelegtem Gemüse.

FÜR 4 Je 1 rote und gelbe Paprikaschote. 100 ml und 4 EL mildes, natives Olivenöl zum Einlegen. 1–2 Fenchelknollen. ½–1 kleiner Zucchino. 2 kleine Möhren. Ein paar Thymianzweige. 1 Knoblauchzehe. 4 Zanderfilets (je etwa 150 g). 1–2 EL Öl. Nach Geschmack Salz und schwarzer Pfeffer aus der Mühle.

Die Paprikaschoten waschen, vierteln, putzen und die Hautseite mit wenig Öl einpinseln. Mit den Schnittflächen nach unten auf ein mit Backpapier belegtes Blech legen und unter dem vorgeheizten Grill so lange garen, bis die Haut dunkle Blasen wirft. Herausnehmen, etwas abkühlen lassen, die Haut abziehen und das Fruchtfleisch in nicht zu kleine Würfel schneiden.

Fenchel, Zucchino und Möhren putzen und waschen. Fenchel und Zucchino in etwa 3 mm dicke Scheiben, die Möhren in feine Scheibchen schneiden. Die Möhren in sprudelnd kochendem Salzwasser kurz blanchieren, in kaltem Wasser abschrecken und in einem Sieb abtropfen lassen. Fenchel und Zucchini nacheinander bei milder Hitze in je 1 EL Olivenöl von beiden Seiten anbraten. Jeweils mit Salz und Pfeffer würzen.

Die vier Gemüsesorten in einer tiefen Schüssel mit den Thymianzweigen mischen. Den Knoblauch abziehen, in Scheiben schneiden und mit 100 ml Olivenöl unter das Gemüse mischen. Mit Salz und Pfeffer abschmecken. 2 EL Öl in einer Pfanne erhitzen. Die Zanderfilets kalt abbrausen, trocken tupfen und mit der Hautseite nach unten im heißen Öl bei milder Hitzezufuhr etwa 3 Minuten kross anbraten. Den Fisch wenden, die Pfanne vom Herd nehmen und den Fisch darin in der Nachhitze 5–7 Minuten glasig durchziehen lassen. Auf Küchenpapier leicht entfetten, mit Salz und Pfeffer würzen und mit dem Gemüse auf einer Platte anrichten.

1 Portion gebratener Zander mit Gemüse: ca. 465 kcal, 34 g Eiweiß (29E%), 32 g Fett (61E%), 11 g Kohlenhydrate (10E%). Dieses Hauptgericht liefert nur 100 kcal pro 100 g.

FISCH AUS HEIMISCHEN GEWÄSSERN

FÜR 2

Zander im Speckmantel mit Schmortomaten. 30 g Rucola. 200 g Cocktail-Tomaten. 200 g Zuckerschoten. 300 g Zanderfilet. 1 TL Senf. 100 g durchwachsener Speck in dünnen Scheiben. 1 EL Rapsöl. 1 TL Butter. 1 EL Olivenöl. 1 EL dunkler Balsamessig (Aceto balsamico). Nach Geschmack Salz und schwarzer Pfeffer aus der Mühle. Zahnstocher.

Den Rucola verlesen, waschen und trocken schleudern. Die Tomaten waschen, vom Stielansatz befreien und halbieren. Die Zuckerschoten waschen und abtropfen lassen.

Das Zanderfilet abbrausen, trocken tupfen und mit wenig Salz und Pfeffer würzen. Das Filet quer halbieren und einseitig mit Senf bestreichen. Die mit Senf bestrichene Seite jeweils mit 3–4 Rucolablättern belegen. Den Fisch anschließend in Speck einrollen und mit Zahnstochern fixieren.

Die Butter in einem Topf zerlassen. Die Zuckerschoten darin 6–7 Minuten bei schwacher Hitze braten. Herausnehmen und warm halten. Das Olivenöl im Topf erhitzen und die Cocktail-Tomaten darin 3–4 Minuten schmoren, dabei ab und zu wenden. Mit Salz, Pfeffer und Essig abschmecken.

Währenddessen das Rapsöl in einer beschichteten Pfanne erhitzen und den Fisch darin bei mittlerer Hitze in 7–8 Minuten rundherum braun braten.

Die Zanderröllchen mit den Zuckerschoten und den Schmortomaten auf zwei Tellern anrichten und servieren.

Walnuss-Vinaigrette. 1 TL Dijon-Senf. 50 ml Rinderbrühe. 40 ml Sherryessig. 50 ml Walnussöl und 50 ml Traubenkernöl. Nach Geschmack Salz und Pfeffer.

Für die Vinaigrette Senf, lauwarme Rinderbrühe, Essig, Salz und Pfeffer verrühren. Das Walnuss- und das Traubenkernöl untermischen. Noch einmal mit Salz und Pfeffer abschmecken.

1 Portion Zander im Speckmantel mit Schmortomaten: ca. 405 kcal, 43 g Eiweiß (43E%), 20 g Fett (43E%), 13 g Kohlenhydrate (14E%). Dieses Hauptgericht liefert nur 92 kcal pro 100 g.

100 ml Walnuss-Vinaigrette: ca. 470 kcal, 2 g Eiweiß (2E%), 52 g Fett (97E%), 1 g Kohlenhydrate (1E%). Dieses Dressing liefert pro Portion (25 g) nur 92 kcal.

FISCH AUS HEIMISCHEN GEWÄSSERN

Mein Tipp: Die Walnussvinaigrette können Sie vielseitig einsetzen. Sie passt als Dressing für alle kräftigen Salate, wie z. B. Selleriesalat, zu Rohkost, zu Salaten mit frischem Spinat oder Rucola.

Zander auf Strauchtomaten. 4 EL Walnuss-Vinaigrette (Rezept nebenstehend). 8 Strauchtomaten (etwa 500 g). 1 EL dunkler Balsamessig (Aceto balsamico). 2 EL Kürbiskernöl. 125 g gemischte Blattsalate. 2 EL Kürbiskerne. 600 g Zanderfilet. 1 EL Rapsöl. 10 g Butter. 1 Thymianzweig. Nach Geschmack Salz und weißer Pfeffer.

Die Walnuss-Vinaigrette nach nebenstehendem Rezept zubereiten. Die Tomaten waschen, vom Stielansatz befreien und in Scheiben schneiden. Auf vier Tellern fächerförmig auslegen, mit Salz und Pfeffer würzen und mit Essig und Kürbiskernöl gleichmäßig beträufeln.

Die Salatblätter waschen, trocken schleudern, dekorativ auf den Tomaten anrichten und mit je 1 EL Walnuss-Vinaigrette beträufeln. Die Kürbiskerne in einer beschichteten Pfanne ohne Fett rösten. Den Zander kalt abbrausen, trocken tupfen und in vier gleichmäßige Portionen schneiden. Das Rapsöl in einer Pfanne erhitzen. Die Zanderfilets darin auf der Hautseite anbraten. Die Butter und den Thymianzweig zugeben, gleichmäßig bräunen lassen und den Fisch mit der Butter mehrmals übergießen.

Den durchgebratenen Zander auf dem Salat anrichten und mit Kürbiskernen bestreuen.

Steirisches Kürbiskernöl hat im Vergleich mit anderen nicht raffinierten Speiseölen die höchste Schutzwirkung vor den gesundheitlich unerwünschten freien Radikalen. Das dunkelgrüne Kürbiskernöl hat ein würziges, nussiges Aroma und verleiht den Tomaten eine raffinierte Note, die in interessantem Kontrast mit der Walnuss-Vinaigrette harmoniert.

1 Portion Zander auf Strauchtomaten: ca. 326 kcal, 32 g Eiweiß (40E%), 20 g Fett (55E%), 4 g Kohlenhydrate (5E%). Dieses Hauptgericht liefert nur 97 kcal pro 100 g.

FISCH AUS HEIMISCHEN
GEWÄSSERN

Zander auf Rahmsauerkraut mit Südtiroler Speck.

2 Schalotten. 35 g Schmalz. 600 g Sauerkraut. 100 ml halbtrockener Weißwein. 200 ml Kalbs- oder Geflügelfond. 2 Lorbeerblätter. 8 Wacholderbeeren. 1 Nelke. 3 Pimentkörner. 10 schwarze Pfefferkörner. 8 Scheiben Südtiroler Speck (etwa 300 g). 2 EL geschlagene Sahne. 600 g Zanderfilet mit Haut. 1 EL Rapsöl. 5 Thymianzweige. 20 g Butter.

Die Schalotten abziehen, in Ringe schneiden und im heißen Schmalz andünsten. Das Sauerkraut in einem Sieb ausdrücken, zu den Schalotten geben, unter Rühren kurz anbraten. Mit dem Wein ablöschen.

Den Fond, die Lorbeerblätter, Wacholderbeeren, Nelken, Piment und Pfefferkörner ebenfalls zufügen, 10 Minuten köcheln lassen. Inzwischen den Speck in einer kleinen Pfanne kross anbraten. Das Sauerkraut mit der Sahne verfeinern, nicht mehr kochen lassen.

Das Zanderfilet kalt abbrausen, mit Küchenpapier trocken tupfen und auf der Hautseite im heißen Öl kross anbraten. 1 Thymianzweig und die Butter zugeben. Den Fisch mit der geschmolzenen Butter mehrmals übergießen.

Das Zanderfilet auf dem Rahmsauerkraut mit den kross gebratenen Speckscheiben anrichten, mit Thymianzweigen garnieren.

1 Portion Zander auf Rahmsauerkraut: ca. 503 kcal, 51 g Eiweiß (41E%), 30 g Fett (52E%), 8 Kohlenhydrate (7E%). Dieses Hauptgericht liefert nur 101 kcal pro 100 g.

Farinata-Grundteig. 125 g Kichererbsenmehl. 250 ml Wasser. 1 EL kalt gepresstes, natives Olivenöl. Nach Geschmack Salz, Pfeffer aus der Mühle und frischer Rosmarin.

Das Kichererbsenmehl in eine Schüssel geben, das Wasser nach und nach zugeben und unterrühren. Es entsteht ein flüssiger Brei. Diesen Kichererbsenbrei über Nacht zugedeckt quellen lassen. Möglicherweise bildet sich Schaum an der Oberfläche, diesen mit einem Schaumlöffel abnehmen.

Das Öl unter den Teig rühren und mit Salz und Pfeffer würzen. Sie können zusätzlich frischen, gehackten Rosmarin unterziehen. Den Backofen auf 200° (Umluft 180°) vorheizen.

Den Kichererbsenteig auf ein großes beschichtetes Blech oder in eine große, leicht gefettete Auflaufform gießen. Im Backofen (Mitte) etwa 20 Minuten backen, bis die Oberfläche schön braun ist. Die Farinata schmeckt warm am besten.

Falls Sie kein Kichererbsenmehl haben, können Sie auch getrocknete Kichererbsen fein mahlen und wie im Rezept beschrieben zubereiten.

Der Teig schmeckt am besten, wenn er ganz dünn gebacken wird. Er sollte deswegen maximal 1 cm hoch auf dem Blech bzw. in der Auflaufform stehen.

Hinweis: Farinata ist eine super Alternative zu Weizenfladenbrot. Sie liefert deutlich weniger Kohlenhydrate, nämlich nur etwa ein Drittel einer vergleichbaren Menge Weizenfladenbrot mit rund 48 g pro 100 g. Und sie ist mit 128 kcal pro 100 g auch deutlich kalorienärmer als Weizenfladen mit 235 kcal pro 100 g.

Auch ein üblicher Pizza-Hefeteig liefert mit etwa 44 g Kohlenhydraten pro 100 g die dreifache Menge Kohlenhydrate im Vergleich zu Farinata – bei 302 kcal pro 100 g.

Variationen:

Farinata Siciliana

Bestreichen Sie die warme Farinata mit etwas Olivenöl und bestreuen Sie sie mit getrocknetem Oregano, Salz und Pfeffer. Sie können ihr mit etwas Chili noch mehr Würze verleihen.

Farinata-Pizza

So wird die Farinata zur leckeren Pizza: Nehmen Sie die Farinata aus dem Backofen heraus, sobald die Oberfläche geronnen ist. Belegen Sie sie nach Geschmack, beispielsweise mit Peperoniwurst, Rucola, schwarzen Oliven, etwas Tomatensauce und Parmesan. Dann weitere 5–10 Minuten backen.

1 Portion Farinata (ohne Belag): ca. 124 kcal, 6 g Eiweiß (18E%), 5 g Fett (32E%), 15 g Kohlenhydrate (50E%). Dieses Hauptgericht liefert nur 128 kcal pro 100 g.

BROT: EIN ECHTES
LOGI-GEHEIMNIS!

BROT: EIN ECHTES
LOGI-GEHEIMNIS!

LOGI-Taler. 110 g fein gemahlenes Kichererbsenmehl. 1 Päckchen Trockenhefe. 125 ml lauwarmes Wasser. 1 Ei. 1 EL Quark (20% Fett). 200 g Buttermilch. 4 EL Weizenkleber (Gluten). 1 TL Salz. 70 g Weizenkleie. 30 g Haferkleie. 40 g gemahlene Haselnüsse. 80 g gemahlene Mandeln. 50 g Nusskern-Mischung (z. B. Sonnenblumenkerne, Kürbiskerne, Leinsamen). 30 g gehobelte Haselnüsse.

Kichererbsenmehl und Trockenhefe gut vermischen. Das lauwarme Wasser nach und nach zugeben und alles gut zu einem Teig verkneten. 30 Minuten zugedeckt an einem warmen Platz gehen lassen.

Nacheinander das Ei, Quark, Buttermilch, Weizenkleber, Salz, Weizenkleie, Haferkleie, gemahlene Haselnüsse und Mandeln zum Teig geben. Gut durchkneten. Zum Schluss die Nuss-Kern-Mischung mittelfein hacken und untermischen. Den Teig weitere 30 Minuten zugedeckt warm stellen und gehen lassen.

Den Backofen auf 200° (180° Umluft) vorheizen. Ein Blech mit Backpapier belegen. Vom Teig mit einem Esslöffel insgesamt 30 Portionen abnehmen, auf das Blech setzen und jeweils etwa 1 cm dicke Taler von 6 cm Durchmesser formen. Die LOGI-Taler 30–40 Minuten backen.

Hinweis: 1 LOGI-Taler enthält nur 7 g Kohlenhydrate, 1 Vollkornbrötchen hingegen 19 g Kohlenhydrate – also fast die dreifache Menge.

1 LOGI-Taler: ca. 122 kcal, 7 g Eiweiß (22E%), 8 g Fett (56E%), 7 g Kohlenhydrate (22E%). Dieses Brot liefert 239 kcal pro 100 g.

FÜR

Buttermilchnocken auf Brombeersauce. 2 große, unbehandelte Saftorangen. 180 g Buttermilch. 1 TL Agar-Agar (Geliermittel aus Algen). 2 TL Honig. 100 g Sahne. 400 g Brombeeren. Zitronenmelisseblättchen zum Garnieren.

1 Orange heiß waschen und trocken tupfen. Die Schale mit einem Zestenreißer in feinen Streifen abziehen, 1 EL für die Dekoration beiseitelegen. Beide Orangen auspressen.

Die Buttermilch und die Hälfte des Orangensafts in einen Topf geben und mit dem Agar-Agar-Pulver und 1 TL Honig verrühren. Unter Rühren zum Kochen bringen. Bei schwacher Hitze noch 1–2 Minuten unter Rühren kochen lassen, bis das Agar-Agar-Pulver vollständig gelöst ist. Die Mischung abkühlen lassen. Die Orangenzesten unter die Buttermilchcreme ziehen. Sobald die Creme anfängt zu gelieren, die Sahne steif schlagen und unterheben. 2 Stunden zugedeckt kalt stellen.

Für die Sauce die Brombeeren behutsam verlesen, abbrausen und abtropfen lassen. 50 g der Beeren beiseitelegen, die übrigen pürieren und durch ein Sieb streichen. Mit dem übrigen Orangensaft und 1 TL Honig verrühren. Die Brombeersauce auf vier Desserttellern verteilen. Von der Buttermilchcreme Nocken abstechen und auf der Brombeersauce anrichten. Mit Brombeeren, Orangenzesten und den Zitronenmelisseblättchen garnieren.

TIPP *Statt einer Brombeersauce schmeckt auch eine Himbeersauce sehr gut zu den Nocken, die Zubereitung ist identisch. Wer es etwas herber mag, kann auch Limettenzesten unter die Nocken rühren. Dann allerdings 200 g Buttermilch verwenden und den Orangensaft durch den Saft von 1 unbehandelten Limette oder Zitrone ersetzen. Je nach Geschmack mit etwas mehr Honig süßen.*

INFO *Das aus Algen gewonnene Agar-Agar ist das älteste und ergiebigste Geliermittel pflanzlichen Ursprungs. Seine Gelierkraft ist um ein Vielfaches höher als das der Gelatine tierischen Ursprungs, deswegen kann Agar-Agar äußerst sparsam dosiert werden. Agar-Agar muss grundsätzlich zunächst mit etwas kalter Flüssigkeit angerührt und dann 1–2 Minuten in Flüssigkeit gekocht werden. Erst beim Abkühlen beginnt die Masse fest zu werden. Beachten Sie unbedingt auch die Packungsangaben!*

1 Portion Buttermilchnocken auf Brombeersauce: ca. 172 kcal, 4 g Eiweiß (13E%), 9 g Fett (46E%), 24 g Kohlenhydrate (31E%). Dieses Dessert liefert nur 69 kcal pro 100 g.

DESSERTS: SÜSSES NACH LOGI-ART

Gebratener weißer Pfirsich. 2 TL Lavendelhonig. 20 g Pinienkerne. 1 TL Butter. 4 weiße Pfirsiche. 80 ml Weißwein. 2 cl Grand Marnier.

Lavendelhonig, die ganzen Pinienkerne und Butter in einer Pfanne bei mittlerer Hitze leicht karamellisieren. Die Pfirsiche waschen, trocken tupfen, halbieren, entsteinen und die Pfirsichhälften zum Karamell geben. Mit Weißwein ablöschen und bei aufgelegtem Deckel 4–5 Minuten leicht köcheln lassen.

Die Pfirsiche herausheben, leicht abkühlen lassen und die Haut abziehen. Den Sirup in der offenen Pfanne noch etwas köcheln lassen, damit er dickflüssiger wird. Mit dem Grand Marnier verfeinern. Die Pfirsiche in vier Dessertschälchen oder Cocktailgläsern anrichten und mit dem Sirup übergießen.

TIPP *Zu den gebratenen Pfirsichen passt sehr gut auch eine Quarkcreme.*

Weiße Pfirsiche sind eine spezielle Züchtung der gelben Pfirsiche. Sie sind saftiger und schmecken noch aromatischer als ihre gelben Verwandten. Leider sind sie nicht immer erhältlich. Ersatzweise können Sie auch die gelben Pfirsiche verwenden.

Mango-Sticks mit Beerensauce. 200 g gemischte, tiefgekühlte Beeren. 200 g reife Mango. 1 EL Honig. 25 g Kokosflocken. Minze zum Garnieren.

Den Backofen auf 180° (Umluft 160°) vorheizen. Die Beeren pürieren. Die Mango schälen, vom Kern schneiden und das Fruchtfleisch in 5–8 cm lange, fingerbreite Sticks schneiden.

Den Honig erhitzen, bis er flüssig wird. Die Sticks erst darin wenden und dann in den Kokosflocken. Auf ein mit Backpapier belegtes Backblech legen und im Backofen (Mitte) 5–7 Minuten backen. Eventuell zwischendurch wenden, damit die Mangostäbchen rundherum bräunen. Die Mango-Sticks mit der Beerensauce servieren und mit frischen Minzeblättchen garnieren.

1 Portion gebratener weißer Pfirsich: ca. 124 kcal, 3 g Eiweiß (9E%), 4 g Fett (26E%), 19 g Kohlenhydrate (65E%). Dieses Dessert liefert nur 84 kcal pro 100 g.

1 Portion Mango-Sticks mit Beerensauce: ca. 192 kcal, 2 g Eiweiß (9E%), 11 g Fett (41E%), 11 g Kohlenhydrate (50E%). Dieses Dessert liefert nur 87 kcal pro 100 g.

Bunte Melonen-Kaltschale. ½ kanarische Melone. 4 »Kugeln« Netzmelone (etwa 40 g). 4 »Kugeln« Honigmelone (etwa 40 g). 4 »Kugeln« Wassermelone (etwa 40 g). 1 TL Honig oder Honig. 300 g Buttermilch. 1 EL Kokosflocken. Zitronenmelisse zum Garnieren.

Mit einem Eis-Portionierer 4 Kugeln aus dem Fruchtfleisch der kanarischen Melone ausstechen und zugedeckt beiseite – eventuell kühl – stellen.

Das restliche Fruchtfleisch dieser Melone mit Honig und Buttermilch gut pürieren. Anschließend 1 Stunde kalt stellen.

Je 4 Kugeln Netzmelone, Honigmelone und Wassermelone ausstechen. Die Melonen-Buttermilch in zwei tiefe Teller gießen und je 2 Kugeln Netz-, Honig-, Wasser- und kanarische Melone auf diesem Spiegel anrichten. Mit Kokosflocken bestreuen und mit Zitronenmelisse garnieren.

 Sie können statt der kanarischen Melone natürlich auch jede andere Melonensorte verwenden.

Cafe Granité. 250 ml Kaffee (z. B. Espresso). 1 TL Zucker (nach Geschmack). 25 g Sahne.

Den Kaffee zubereiten, mit Zucker süßen und erkalten lassen. Den Kaffee in eine flache, gefrierbeständige Schüssel geben und etwa 3 Stunden ins Gefrierfach stellen, bis der Kaffee nahezu gefroren ist.

Dann die Sahne steif schlagen. Den geeisten Kaffee in viele kleine Eisstückchen zerstoßen – das gelingt besonders einfach mit einem Eis-Crusher. Die Granité in ein dekoratives Glas füllen, ein Sahnehäubchen aufspritzen und mit Strohhalm servieren.

1 Portion Melonen-Kaltschale: ca. 185 kcal, 7 g Eiweiß (17E%), 7 g Fett (35E%), 22 g Kohlenhydrate (48E%). Dieses erfrischende Dessert liefert nur 49 kcal pro 100 g.

1 Portion Cafe Granité: ca. 107 kcal, 1 g Eiweiß (4E%), 8 g Fett (63E%), 9 g Kohlenhydrate (33E%). Dieses erfrischende Getränk liefert nur 37 kcal pro 100 g.

DESSERTS:
SÜSSES NACH LOGI-ART

DESSERTS:
SÜSSES NACH LOGI-ART

Kleiner Tipp aus dem LOGI-Programm beim systemed Verlag: Das LOGI-Menü von Franca Mangiameli – die völlig neue Kochbuchidee. Nominiert für den Gourmand World Cookbook Award 2010. Je 50 köstliche LOGI-Rezeptideen für raffinierte Vorspeisen, Hauptgerichte und Desserts vollbringen – zusammengestellt im dreiteiligen, attraktiven Flipchart – ein kleines mathematisches Küchenwunder: über 100.000 abwechslungsreiche Menüideen für LOGI-Freunde – und alle, die es noch werden wollen.

Schnelles Himbeersorbet. 250 g TK-Himbeeren oder TK-Erdbeeren. 2–3 frische Minzeblättchen. 1 TL Honig. 4 EL griechischer Joghurt (10 % Fett). 2 TL Kokosraspel.

Die gefrorenen Beeren mit einem Stabmixer in einem hohen Rührbecher cremig pürieren.

Falls das Sorbet noch zu eisig ist, 1 EL Wasser zugeben und weitermixen, bis eine sorbetähnliche Konsistenz entsteht. Die Minzeblättchen waschen, trocken tupfen, sehr fein hacken.

Zusammen mit dem Honig unter das Sorbet rühren. Das Himbeersorbet in zwei Gläser verteilen. Jeweils 2 EL Joghurt darauf klecksen. Mit Kokosraspel und Minze garnieren.

1 Portion schnelles Himbeersorbet: ca. 140 kcal und 10 g Kohlenhydrate.

LOGI-METHODE. Das LOGI-Menü. Logisch kombiniert: 50 Vorspeisen, 50 Hauptgerichte, 50 Desserts. Von Franca Mangiameli.
978-3-927372-60-3 — 29,95 EUR

**DESSERTS:
SÜSSES NACH LOGI-ART**

Quarkcreme mit Mangopüree. 200 g Quarkcreme oder Magerquark. 150 g Vollmilchjoghurt. 20 g Kokosnussraspel. ½ TL Butter. 1 TL Honig. 20 g gehackte Walnusskerne. 1 große, reife Mango.

Quark und Joghurt cremig verrühren. Die Kokosraspel in einer beschichteten Pfanne ohne Fett kurz rösten und beiseitestellen. Die Butter in der Pfanne zergehen lassen und die Walnüsse darin rösten, ½ TL Honig unterrühren und vom Herd nehmen.

Die Mango schälen, vom Kern schneiden und pürieren. Jeweils 3 EL Quarkcreme auf vier flachen Tellerchen verstreichen. Je 2 EL Mangopüree in die Mitte klecksen, mit den gerösteten Nüssen und Kokosraspeln bestreuen. Mit Minzeblättchen garnieren

IIIPP *Sie können statt der Walnüsse auch gehackte Pistazien verwenden.*

Vanillequark mit Erdbeerpüree. 125 g Speisequark. 125 g Vollmilchjoghurt. 300 g Erdbeeren. 1 Vanilleschote. 1 TL Honig.

Den Quark mit dem Joghurt cremig rühren. Die Erdbeeren vorsichtig waschen, entkelchen und die Hälfte der Erdbeeren pürieren. Die übrigen Beeren in Scheiben schneiden.

Die Vanilleschote der Länge nach aufschlitzen und das Mark in die Quarkmischung kratzen. Den Honig zugeben und beides gut unterrühren. Den Vanillequark mit dem Erdbeerpüree und den frischen Erdbeeren servieren.

1 Portion Quarkcreme mit Mangopüree: ca. 160 kcal, 7 g Eiweiß (18E%), 9 g Fett (48E%), 13 g Kohlenhydrate (34E%). Dieses Dessert liefert nur 99 kcal pro 100 g.

1 Portion Vanillequark mit Erdbeerpüree: ca. 156 kcal, 12 g Eiweiß (30E%), 5 g Fett (30E%), 16 g Kohlenhydrate (40E%). Dieses Dessert liefert nur 59 kcal pro 100 g.

DESSERTS:
SÜSSES NACH LOGI-ART

Bratapfel. 15 g Rosinen. 2 EL Rum. 2 große, säuerliche Äpfel, z. B. Boskop. Etwas Zitronensaft. ½ TL Butter und Butter für die Form. 15 g gehackte Walnusskerne. 1 TL Honig. 2 EL geschlagene Sahne. 100 g Magerquark. 1 Vanilleschote. Nach Geschmack Zimt.

Die Rosinen mit Rum bedecken und etwa 15 Minuten zugedeckt ziehen lassen. Anschließend in einem Sieb abtropfen lassen.

Die Äpfel waschen und je ein Viertel des Apfels als Deckel abschneiden. Das Kerngehäuse herausschneiden und das Fruchtfleisch vorsichtig entfernen. Dabei sollte ein Rand von gut ½ cm stehen bleiben – auch am »Boden«.

Die Butter schmelzen. Die Äpfel innen mit Zitronensaft beträufeln, außen mit etwas geschmolzener Butter bepinseln. Den Backofen auf 200° (Umluft 180°) vorheizen.

Für die Füllung das Fruchtfleisch pürieren. Mit den Walnüssen und den abgetropften Rosinen mischen. Mit Zimt und Honig abschmecken und die Masse in die Äpfel füllen.

Die Äpfel in eine mit Butter dünn eingefettete Form geben und im Backofen (Mitte) 40–45 Minuten braten. Die Äpfel sind fertig, wenn das Fruchtfleisch des Apfels weich ist.

Für die Creme die Sahne steif schlagen und unter den Quark heben. Die Vanilleschote längs aufschlitzen, das Mark in die Creme kratzen. Diese mit Zimt und Honig abschmecken und zum Bratapfel servieren.

Die »Deckel« in den ersten 20 Minuten neben den Äpfeln braten und dann erst auflegen. So garen sie schneller, und die Füllung trocknet dennoch nicht aus.

1 Portion Bratapfel: ca. 278 kcal, 11 g Eiweiß (15E%), 13 g Fett (40E%), 31 g Kohlenhydrate (45E%). Dieses Dessert liefert nur 103 kcal pro 100 g.

DESSERTS:
SÜSSES NACH LOGI-ART

Apfelmostsüppchen. 1 Zitrone. 350 ml Apfelsaft. 400 ml Apfelwein. 2 TL Honig. 1 Vanillestange. ½ Zimtstange. 6 Blatt Gelatine. 6 cl Winzersekt. 2 Äpfel. 2 EL Rotwein.

Die Zitrone heiß waschen, trocken tupfen und in Scheiben schneiden. Apfelsaft und Apfelwein mit 2 EL Honig, der Vanille- und der Zimtstange sowie den Zitronenscheiben leicht erwärmen. Dann etwa 30 Minuten im zugedeckten Topf ziehen lassen. Den Sud durch ein Sieb in eine Schüssel abgießen.

Die Gelatine 5 Minuten einweichen, ausdrücken und in den heißen Sud rühren, bis sie sich aufgelöst hat. 6–8 Stunden gut durchkühlen lassen.

Kurz vor dem Servieren den kalten Sekt vorsichtig unterrühren. Die Äpfel schälen, in Kugeln ausstechen und mit Rotwein und 2 TL Honig – nicht zu – weich kochen. Als Einlage in das Süppchen geben.

Cremiges Ananas-Sorbet. 200 g frische Ananas (Fruchtfleisch). 125 g Vollmilchjoghurt. 50 ml Ananassaft (ungezuckert). 1 TL Honig. 2 EL geschlagene Sahne. Zum Anrichten z. B. 2 Erdbeeren, 2 Physalis und etwas Zitronenmelisse.

Das frische Ananasfruchtfleisch in Würfel schneiden. Zwei Ananaswürfel zur Seite legen, den Rest mit Joghurt, Ananassaft und Honig pürieren.

Die Ananas-Joghurt-Creme in ein Metallgefäß gießen. Achtung: Es darf nur so groß sein, dass es ins Gefrierfach des Kühlschranks passt. Die Creme mindestens 4 Stunden im Gefrierfach gefrieren lassen. Alle halbe Stunde herausnehmen und die Masse mit einem Löffel oder Schneebesen gut durchmischen. Das verhindert die Eiskristallbildung und das Sorbet erhält eine feine cremige Konsistenz.

Kurz vor dem Servieren je 1 Ananasstück mit 1 Erdbeere und 1 Physalis auf Zahnstocher spießen. Das Sorbet in Kugeln in zwei Glasschalen oder Champagnergläser verteilen. Mit einem Häubchen Sahne, einem Fruchtspieß und Zitronenmelisseblättchen servieren.

 Die Ananas können Sie durch Himbeeren, Erdbeeren, Aprikosen, Mango et cetera ersetzen. Verfeinern können Sie die Sorbets, indem Sie statt Fruchtsaft z. B. Weißwein oder Sekt dazugießen.

1 Portion Apfelmostsüppchen: ca. 185 kcal, < 1 g Eiweiß (2E%), < 1 g Fett (4E%), 29 g Kohlenhydrate (64E%), 7 g Alkohol (25E%) Dieses Hauptgericht liefert nur 60 kcal pro 100 g.

1 Portion Ananas-Sorbet: ca. 183 kcal, 5 g Eiweiß (10E%), 7 g Fett (35E%), 25 g Kohlenhydrate (55E%). Dieses Dessert liefert nur 81 kcal pro 100 g.

GLOSSAR – EINIGE
WICHTIGE BEGRIFFE

Aminosäuren: Kleinste Bausteine der Eiweiße.

Atkins-Diät: Älteste und extremste kohlenhydratarme Kostform. Basis sind Fleisch, Fisch, Eier, Fette. Obst und Gemüse spielen eine geringe Rolle. Getreide und Kartoffeln sind selten erlaubt.

Ballaststoffe: Unverdauliche Nahrungsbestandteile, die keine Energie liefern. Sie fördern eine reibungslose Verdauung, sorgen für eine lange Sättigung und halten den Blutzuckerspiegel konstant.

Blutzucker: Der im Blut frei schwimmende Traubenzucker (Glukose). Die Regulierung des Blutzuckerspiegels wird unter anderem durch die Hormone Insulin (blutzuckersenkend) und seine Gegenspieler Glukagon und Adrenalin (blutzuckererhöhend) reguliert.

Blutzuckerspiegel: Die Konzentration von im Blut gelöster Glukose, der Speicherform der Kohlenhydrate. Der Blutzuckerspiegel wird durch die Art und Menge der Kohlenhydrate sowie die Nährstoffrelation in der Nahrung beeinflusst.

Cholesterin: Gehört zur Gruppe der Nahrungsfette. Cholesterin wird sowohl mit der Nahrung aufgenommen, als auch im Körper – vor allem in der Leber – gebildet. Man unterscheidet das »gute« HDL-Cholesterin, das die Arterien säubert, und das »schlechte« LDL-Cholesterin, das sich in den Arterien ablagert.

Diät: Leitet sich vom griechischen Wort »diaita« ab = Lebensweise. Der Begriff steht für eine Ernährungs- und Lebensweise zur Vorbeugung, Linderung oder Heilung ernährungsabhängiger Erkrankungen. Umgangssprachlich wird der Begriff meist im Sinne von »Reduktionsdiät« verwendet.

Eiweiße: Werden auch Proteine genannt. Als lebenswichtige Baustoffe für Gehirn-, Körper-, Blut-, Muskelzellen und viele mehr sind sie unverzichtbar!

Energie: Auch Brennwert genannt. Die Grundnährstoffe Kohlenhydrate, Fette und Eiweiße liefern Energie. Die Energiemenge wird in Kilojoule (kJ) oder Kilokalorien (kcal) angegeben.

Energiedichte: Gibt an, wie viele Kilokalorien ein Lebensmittel pro 100 Gramm liefert. Je mehr Kalorien, desto höher ist die Energiedichte des Lebensmittels. Die LOGI-Methode empfiehlt eine Energiedichte von 125 Kilokalorien pro 100 Gramm nicht zu überschreiten. Die Energiedichte ist bei jedem Gericht in diesem Buch angegeben.

Energieprozent: Gibt an, wie viel Energie Eiweiße bzw. Fette bzw. Kohlenhydrate zur Gesamtenergie eines Lebensmittels oder eines Gerichts beitragen. Der Energiebeitrag der einzelnen Nährstoffe ist bei jedem Gericht in diesem Buch angegeben (E%).

Energieumsatz: Die Menge Energie, die der Körper für die Aufrechterhaltung der Körperfunktionen und die Bewegung aufwenden muss. Umgangssprachlich oft als »Energieverbrauch« bezeichnet.

Enzyme: Sind aus Aminosäuren gebaute Katalysatoren, die die Stoffwechselreaktionen im Körper in Gang setzen oder beschleunigen.

Fette: Dazu zählen bei den Nahrungsfetten feste Fette wie zum Beispiel Butter oder Schmalz und flüssige Fette: die Öle.

Fettsäuren: Die Bausteine der Nahrungsfette dienen in erster Linie als Energieträger. Je nach biochemischem Aufbau kann man gesättigte, einfach ungesättigte und mehrfach ungesättigte Fettsäuren unterscheiden.

Glykämische Last: Sie gibt die Kohlenhydratdichte eines Lebensmittels pro Portion (in Gramm) an. Dadurch stellt sie eine wichtige Weiterentwicklung des glykämischen Index dar und ist für die Ernährungspraxis aussagekräftiger.

Glykämischer Index: Gibt an, wie schnell die Kohlenhydrate eines Lebensmittels den Blutzucker nach dem Verzehr erhöhen.

GLYX-Diät: Methode zur Gewichtsreduktion, bei der Lebensmittel mit niedrigem glykämischem Index erlaubt sind, während solche mit hohem glykämischem Index gemieden werden sollten.

Harnsäure: Ein Stoffwechsel-Endprodukt, das beim Abbau von Purinen (Eiweißabbau-Produkte) entsteht und normalerweise über die Niere ausgeschieden wird. Wenn die Harnsäurewerte durch falsche Ernährung stark ansteigen, kann das jedoch zu Gicht führen.

Insulin: Dieses Speicherhormon des Körpers sorgt dafür, dass der Zucker aus dem Blut in die Körperzellen eintreten kann. Je höher der Blutzuckerspiegel ist, desto mehr Insulin wird benötigt. Viel Insulin führt auf Dauer zu verstärkter Depotfettbildung – es wird zum Mast-Hormon.

Insulinresistenz: Hierbei reagiert der Körper nicht mehr funktionsgemäß auf das körpereigene Insulin, es wird immer mehr Insulin benötigt, um den Blutzucker zu senken. Führt – insbesondere in Verbindung mit Übergewicht – zu Typ-2-Diabetes.

Insulinspiegel: Die Konzentration von Insulin im Blut. Er wird durch die Art und Menge der aufgenommenen Kohlenhydrate beeinflusst.

Jo-Jo-Effekt: Die Gewichtszunahme nach einer Reduktionsdiät über das ursprüngliche Ausgangsgewicht hinaus.

Kalorien: Kilokalorien (kcal) sind die Einheit der Energie. Sie werden umgangssprachlich kurz als Kalorien bezeichnet.

Kohlenhydrate: Schnell verfügbare Energielieferanten. Man unterscheidet einfache Kohlenhydrate wie zum Beispiel Traubenzucker (Glukose) und komplexe Kohlenhydrate wie zum Beispiel Stärke.

Low-Carb: Der Begriff kommt aus dem Englischen, ist die Abkürzung für »low carbohydrates« (wenige Kohlenhydrate) und steht für eine kohlenhydratarme Ernährungsweise. LOGI ist eine sanfte Low-Carb-Variante.

Metabolisches Syndrom: Das gemeinsame Auftreten verschiedener, ernährungsbedingter Stoffwechselstörungen: erhöhte Blutfett-, Harnsäure- und Blutzuckerwerte sowie Übergewicht. Wird auch als »Syndrom X« oder das »tödliche Quartett« bezeichnet.

Nährstoffdichte: Beschreibt wie viele Nährstoffe ein Lebensmittel im Verhältnis zur Energie (kcal) enthält. Je höher die Nährstoffdichte, desto mehr lebenswichtige Vitamine, Mineralstoffe, Spurenelemente, sekundäre Pflanzenstoffe et cetera liefert das Lebensmittel.

Nährstoffe: Dazu zählen sowohl die energieliefernden Eiweiße, Fette und Kohlenhydrate wie auch die nicht energieliefernden Nahrungsbestandteile wie Ballaststoffe, Vitamine, Mineralstoffe und sekundäre Pflanzenstoffe.

GLOSSAR – EINIGE WICHTIGE BEGRIFFE

Omega-3-Fettsäuren: Für den Menschen lebensnotwendige Fette mit vielen gesundheitsfördernden Eigenschaften. Unter anderem können sie aufgrund ihrer blutdrucksenkenden Wirkung zu einer Senkung des Arterioseroserisikos beitragen und so die Herzgesundheit schützen. Sie sind vor allem in Makrele, Lachs, Hering und Thunfisch enthalten; Vorstufen auch in Raps-, Lein- und Walnussöl zu finden.

Omega-6-Fettsäuren: In Maßen und im gesunden Gleichgewicht mit den Omega-3-Fettsäuren sind sie unverzichtbar. Bei zu hoher Konzentration haben sie allerdings nachteilige Wirkung auf den Stoffwechsel.

Stärke: Lange Ketten von Glukose-Molekülen, die im Verdauungsprozess einfach aufgespalten werden können.

Stoffwechsel: Auch als metabolismus bezeichnet. Die Gesamtheit aller im Organismus ablaufenden chemischen Reaktionen, die dem Auf- und Abbau von Stoffen dienen, zum Beispiel Verdauung, Elektrolyt- und Wasserhaushalt.

Zucker: Meist wird damit der Haushaltszucker (Saccharose) bezeichnet. Fachlich ist Zucker jedoch ein Überbegriff für verschiedene Kohlenhydratarten wie zum Beispiel Glukose (Traubenzucker), Saccharose (Haushaltszucker), Laktose (Milchzucker) oder auch Stärke.

Franca Mangiameli bedankt sich ganz herzlich bei ihren Interview-Partnern!

Dr. Nicolai Worm
Ernährungswissenschaftler

Informationen über Nicolai Worm und LOGI:
www.nicolai-worm.de und www.logi-methode.de

Dr. med. Peter Heilmeyer
Ärztlicher Leiter der Reha-Klinik Überruh,
Fachklinik für Erkrankungen der Bewegungsorgane
und Innere Medizin, Kardiologie, Krebsnachsorge,
Pneumologie
88316 Isny im Allgäu
Telefon: 07562–75-0

Alle Informationen zur Klinik finden Sie auf der
Homepage: www.rehaklinik-ueberruh.de

Dr. med. Klaus Döring
Facharzt für Innere Medizin und Sozialmedizin,
Bürgermeister-Jung-Weg 17, 35398 Gießen
Telefon: 0641–2501366
E-Mail: dr.klaus.doering@telemed.de

Dr. Petra Ambrosius
Diplom-Oecotrophologin
Studio für Ernährungsberatung
Sonnenberger Straße 100, 65193 Wiesbaden
Telefon: 0611–379736
E-Mail: info@dr-ambrosius.de

Weitere Informationen, Ernährungs-Programme
und die Adressen weiterer Ernährungsberatungs-
stellen des Netzwerks von Frau Dr. Ambrosius finden
Sie auf der Homepage: www.dr-ambrosius.de

Hinweis zu den Rezepten: Bei allen Rezepten finden Sie die konkreten Nährwertangaben pro Portion (Eiweiß, Fett und Kohlenhydrate in Gramm) sowie die Angaben, wie viele Energieprozent (E%) Eiweiße, Fette und Kohlenhydrate zu dem Gericht beisteuern. Die Gemüsemengen können Sie je nach Appetit beliebig erhöhen, die Mengenangaben geben nur das ideale Zutatenverhältnis wieder.

RAUM FÜR
IHRE NOTIZEN.

LOGI-Methode

Glücklich und schlank.
Mit viel Eiweiß und dem richtigen Fett. Das komplette LOGI-Basiswissen. Mit umfangreichem Rezeptteil.
Dr. Nicolai Worm
978-3-942777-96-9 **19,99 €**

Vegetarisch kochen mit der LOGI-Methode.
LOGI ohne Fisch und Fleisch? Na klar! 80 innovative und kreative LOGI-Veggie-Rezepte. Wenige Kohlenhydrate – glutenfrei!
Susanne Thiel | Dr. Nicolai Worm
978-3-927372-80-1 **19,95 €**

LOGI durch den Tag.
Kombinieren Sie Ihren LOGI-Abnehmplan aus 50 Frühstücken, 50 Mittagessen und 50 Abendessen. Maximale Sättigung mit weniger als 1.600 Kalorien und 80 Gramm Kohlenhydraten pro Tag!
Franca Mangiameli
978-3-927372-79-5 **29,95 €**

Das große LOGI-Familien-kochbuch.
Die LOGI-Ernährungsmethode für die ganze Familie in Theorie und Praxis. Mit 100 tollen Rezepten, die auch Kindern schmecken.
Marianne Botta | Dr. Nicolai Worm
978-3-927372-96-2 **19,99 €**

Die LOGI-Jubiläumsbox.
Zehn erfolgreiche, glückliche und schlanke Jahre mit der LOGI-Methode. Enthält DIE drei Standardwerke rund um die LOGI-Methode zum Jubiläumspreis
- Glücklich und schlank
- Das große LOGI-Kochbuch.
- Das neue große LOGI-Kochbuch.
Dr. Nicolai Worm | Franca Mangiameli
Heike Lemberger
978-3-927372-68-9 **50,00 EUR**
(erhältlich solange der Vorrat reicht)

Das große LOGI-Kochbuch.
120 raffinierte Rezepte zur Ernährungsrevolution von Dr. Nicolai Worm. Mit exklusiven LOGI-Kompositionen der Spitzenköche Alfons Schuhbeck, Vincent Klink, Ralf Zacherl, Christian Henze und Andreas Gerlach.
Franca Mangiameli
978-3-942772-79-2 **19,99 €**

Das große LOGI-Fischkochbuch.
Köstliche Gerichte mit Fisch und Meeresfrüchten aus heimischen Gewässern und aus aller Welt.
Susanne Thiel | Anna Fischer
978-3-942772-07-5 **19,99 €**

Das LOGI-Menü.
Logisch kombiniert: 50 Vorspeisen, 50 Hauptgerichte, 50 Desserts.
Franca Mangiameli
978-3-927372-60-3 **29,95 €**

Die LOGI-Akademie.
LOGI lehren – LOGI verstehen. Ein Leitfaden zur Patientenschulung und zum Selbststudium.
Franca Mangiameli
978-3-927372-59-7 **48,00 €**

Leicht abnehmen! Geheimrezept Eiweiß.
Gewicht verlieren mit Eiweiß und Formula-Mahlzeiten. Und dann: gesund und schlank auf Dauer mit LOGI.
Dr. Hardy Walle | Dr. Nicolai Worm
978-3-95814-009-7 **19,99 €**

Noch mehr LOGI.
Die LOGI-Fisch-, -Back- und Grillbox. Über 400 raffinierte Rezepte. Die Box beinhaltet:
- das große LOGI-Fischkochbuch
- das große LOGI-Grillbuch,
- das große LOGI-Back- und -Dessertb
Heike Lemberger | Franca Mangiameli Susanne Thiel | Anna Fischer
978-3-942772-48-8 **45,00 EUR**
(erhältlich solange der Vorrat reicht)

Das neue große LOGI-Kochbuch.
120 neue Rezepte – auch für Desserts, Backwaren und vegetarische Küche. Jede Menge LOGI-Tricks und die klügsten Alternativen zu Pizza, Pommes und Pasta.
Franca Mangiameli | Heike Lemberger
978-3-942772-88-4 **19,99 €**

Das große LOGI-Back- und Dessertbuch.
Über 100 raffinierte Dessertrezepte, die Sie niemals für möglich gehalten hätten. So macht Leben nach LOGI noch mehr Spaß! Mit ausführlichem Stevia-Extrakapitel.
Franca Mangiameli | Heike Lemberger
978-3-927372-66-5 **19,95 €**

LOGI-Guide.
Tabellen mit über 500 Lebensmitteln, bewertet nach ihrem glykämischen Index und ihrer glykämischen Last.
Franca Mangiameli
Dr. Nicolai Worm | Andra Knauer
978-3-942772-02-0 **6,99 €**

Leicht abnehmen! Das Rezeptbuch.
Gewicht verlieren mit Eiweiß und Formula-Mahlzeiten. Und für danach: 70 einfache und abwechslungsreiche LOGI-Rezepte.
Dr. Hardy Walle
978-3-927372-40-5 **12,95 €**

Abnehmen lernen. In nur zehn Wochen!
Das intelligente LOGI-Power-Programm zur dauerhaften Gewichtsreduktion. Mit diesem Tagebuch werden Sie Ihr eigener LOGI-Coach!
Heike Lemberger | Franca Mangiameli
978-3-942772-59-4 **18,99 €**

Das große LOGI-Grillbuch.
120 heiß geliebte Grillrezepte rund um Gemüse, Fisch und Fleisch. Ein Fest für LOGI-Freunde.
Heike Lemberger | Franca Mangiameli
978-3-942772-12-9 **18,00 €**

Fett Guide.
Wie viel Fett ist gesund? Welches Fett wofür? Tabellen mit über 500 Lebensmitteln, bewertet nach ihrem Fettgehalt und ihrer Fettqualität.
Heike Lemberger
Ulrike Gonder | Dr. Nicolai Worm
978-3-942772-09-9 **9,99 €**

Die LOGI-Kochkarten.
Die besten LOGI-Rezepte. Einfallsreich, einfach, preiswert.
978-3-942772-54-9 **17,99 €**

DIN-A1-Poster: LOGI-Pyramide.
(erhältlich nur beim Verlag)
6,50 € zzgl. **5,00 €** Versand

LOGI im Alltag, in der Praxis und in der Klinik.
Andra Knauer
978-3-942772-31-0 **8,99 €**

Eiweiß-Guide.
Tabellen mit über 500 Lebensmitteln bewertet nach ihrem Eiweißgehalt und ausgewählten Aminosäuren.
Franca Mangiameli | Heike Lemberger
Dr. Nicolai Worm
978-3-942772-64-8 **9,99 €**

LOGI-Grundlagenbroschüren
- Den Typ-2-Diabetes an der Wurzel pack
- Syndrom X: Metabolisches Syndrom.
- Süßes Blut rächt sich bitter.
(erhältlich nur beim Verlag)
◆ Paketpreis für alle drei: **7,50 €**

*Ab Juni 2014 erscheinen unsere beliebten LOGI-Kochbücher in der praktischen verdeckten Spiralbindung.

www.systemed.d

LOGI/Gesundheit

Low-Carb vegan.
40 Rezepte ohne tierische Lebensmittel.
Franca Mangiameli | Heike Lemberger
978-3-942772-68-6   **7,99 €**

Low-Carb unterwegs.
40 Rezepte für die Reise und zum
Mitnehmen.
Franca Mangiameli | Heike Lemberger
978-3-942772-66-2   **7,99 €**

Low-Carb – Low-Budget.
Kohlenhydratbilanzierte Küche
für den kleinen Geldbeutel.
Wolfgang Link | Dr. med. Jürgen Voll
978-3-942772-65-5   **7,99 €**

 **NEU**

**Low-Carb bei Nahrungsmittel-
unverträglichkeit.**
30 Rezepte bei Laktoseintoleranz/
Fruktoseintoleranz/Zöliakie.
Wolfgang Link | Dr. med. Jürgen Voll
978-3-942772-74-7   **7,99 €**

 **NEU**

Low-Carb in 15 Minuten.
40 »leichte« Schnellrezepte zum Genießen.
Wolfgang Link
978-3-942772-75-4   **7,99 €**

 **ERSCHEINT JULI 2014 VORBESTELLBAR AB SOFORT!**

**Low-Carb in der
Schwangerschaft.**
Gesundheit mit wenig Kohlenhydraten
für Mutter und Baby.
Anett Schmittendorf
978-3-942772-72-3   **7,99 €**

KetoKüche **ERSCHEINT JULI 2014 VORBESTELLBAR AB SOFORT!**

KetoKüche kennenlernen.
Die ketogene Ernährung in Theorie
und Praxis.
Ulrike Gonder
978-3-942772-80-8   **7,99 €**

**Low-Carb für Männer.
Ein Mann – (k)ein Bauch.**
Jetzt noch übersichtlicher – mit komplett
überarbeiteter Kohlenhydrattabelle
zum Nachschlagen.
Barbara Plaschka | Petra Linné
978-3-942772-52-5   **15,99 €**

**Gute Kohlenhyrate –
schlechte Kohlenhydrate**
Pfunde verlieren und Energie tanken
Barbara Plaschka | Petra Linné
978-3-927372-81-8   **12,95 €**

**66 Ernährungsfallen
… und wie sie mit Low-Carb
zu vermeiden sind.**
- in typischen Alltagssituationen
- für Büro und Freizeit
- mit Einkaufsführer im Supermarkt
- mit ausführlichem Restaurant-Guide
Barbara Plaschka | Petra Linné
978-3-927372-55-9   **15,95 €**

Endlich schlank ohne Diät
Erfolgreich abnehmen ohne JOJO-Effekt
und Kalorienzählen – nach dem
LOGI-Erfolgsprinzip von Dr. Nicolai Worm.
Anna Cavelius
978-3-942772-10-5   **9,99 €**

Iss einfach gut.
Das Prinzip Nahrungskette – einfach und
pragmatisch erklärt vom Koch der
Deutschen Fußballnationalmannschaft.
Holger Stromberg
978-3-942772-28-0   **18,99 €**
Auch erhältlich in Hardcover-Luxus-
ausführung mit Moleskine Gummi und
Saisonkalender als DIN-A3-Poster
978-3-942772-50-1   **18,99 €**

Menschenstopfleber.
Die verharmloste Volkskrankheit
Fettleber.
Dr. Nicolai Worm
978-3-927372-78-8   **19,99 €**

BEST-SELLER

**Syndrom X oder
Ein Mammut auf den Teller!**
Mit Steinzeitdiät aus der Wohlstandsfalle.
Dr. Nicolai Worm
978-3-927372-23-8   **19,90 €**

Die Schlafmangel-Fett-Falle.
… wie Sie trotzdem gesund und schlank
bleiben.
Dr. Nicolai Worm
978-3-927372-94-8   ~~**7,50 €**~~ **14,95 €**

 **BEST-SELLER**

Mehr Fett!
Warum wir mehr Fett brauchen, um
gesund und schlank zu sein.
Ulrike Gonder | Dr. Nicolai Worm
978-3-927372-54-2   **19,95 €**

Ethisch essen mit Fleisch

Ethisch Essen mit Fleisch.
Eine Streitschrift über nachhaltige und
ethische Ernährung mit Fleisch und
die Missverständnisse und Risiken einer
streng vegetarischen und veganen
Lebensweise.
Lierre Keith | Ulrike Gonder
978-3-927372-87-0   **14,99 €**

 **NEU**

Pur – weiß – tödlich.
Warum der Zucker uns umbringt – und
wie wir das verhindern können.
Prof. Dr. John Yudkin | Prof. Dr. Robert Lustig
978-3-942772-41-9   **14,99 €**

 **BEST-SELLER**

Stopp Diabetes!
Raus aus der Insulinfalle dank
der LOGI-Methode.
Katja Richert | Ulrike Gonder
978-3-927372-56-6   **16,95 €**

**Stopp Diabetes!
Praxisbuch.**
Ernährungs- und Bewegungspläne.
LOGI-Methode.
Ein besseres Leben mit Diabetes.
Katja Richert
978-3-942772-08-2   **16,99 €**

 **BEST-SELLER**

Heilkraft D.
Wie das Sonnenvitamin vor Herzinfarkt, Krebs und anderen Zivilisations-
krankheiten schützt.
Dr. Nicolai Worm
978-3-927372-47-4   **15,95 €**

Allergien vorbeugen.
Schwangerschaft und Säuglingsalter
sind entscheidend!
Dr. Imke Reese | Christiane Schäfer
978-3-927372-50-4   **14,95 €**

Campus Food **NEU**

Campus Food.
Vegane Studentenküche.
Anne Bühring | Kurt-Michael Westermann
978-3-942772-21-1   **16,99 €**

Der LOGI-Muskel-Coach.
Die ultimative Sporternährung für
Muskelaufbau und Ausdauertraining.
Dr. Torsten Albers | Dr. Nicolai Worm
Kirsten Segler
978-3-942772-13-6   **19,99 €**

**Mehr vom Sport!
Low-Carb und LOGI in der
Sporternährung.**
Unter Mitwirkung zahlreicher
Spitzensportler: Boxweltmeister Felix
Sturm, Schwimmprofi Mark Warnecke,
Leichtathlet Danny Ecker und viele mehr.
Clifford Opoku-Afari | Dr. Nicolai Worm
Heike Lemberger
978-3-927372-41-2   **19,95 €**

 **FÜR FACHKREISE**

**LOGI und Low Carb
in der Sporternährung.**
Glykämischer Index und glykämische
Last – Einfluss auf Gesundheit
und körperliche Leistungsfähigkeit.
Jan Prinzhausen
978-3-927372-30-6   **24,90 €**

**Bauch, Beine, Po – das
LOGI-Workout für Frauen.** (DVD)
Inklusive ausführlichem Booklet.
Matthias Maier | Dr. Nicolai Worm
978-3-927372-98-6   **14,95 €**

Yes, I can!
Erfolgreich schlank in 365 Schritten.
Dr. Ilona Bürgel
978-3-927372-51-1   ~~**9,99 €**~~ **7,50 €**

Yoga/Achtsamkeit

Das Hatha Yoga Lehrbuch.
Sampoorna Hatha Yoga, Perfektion in Bewegung. Die 150 schönsten Übungen.
Marcel Anders-Hoepgen
978-3-927372-53-5 **29,95 €**

· **Sampoorna Hatha Yoga Stunde** (DVD)
978-3-927372-64-1 **17,95 €**
· **Sampoorna Hatha Yoga Stunde** (CD)
978-3-927372-65-8 **14,95 €**

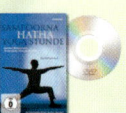

· **Sampoorna Hatha Yoga Stunde Stufe 2** (DVD)
978-3-942772-04-4 **17,95 €**

· **Sonnengruß, Teil 1** (DVD + CD)
Das perfekte Workout
978-3-927372-77-1 **16,95 €**

· **Sonnengruß, Teil 2** (DVD + CD)
Der perfekte Stressabbau
978-3-927372-97-9 **16,95 €**

Hebammen Yoga
Übungen zur Geburtsvorbereitung und Rückbildung. *Inkl. Mantra-Audio-CD.*
Marcel Anders-Hoepgen
978-3-927372-99-3 ~~19,95 €~~ **9,00 €**

· **Hebammen Yoga** (Doppel-DVD)
Übungen zur Geburtsvorbereitung und Rückbildung.
978-3-942772-03-7 **16,95 €**

· **Augenentspannung** (CD)
978-3-927372-71-9 **8,95 €**
· **Gleichgewicht** (CD)
978-3-927372-72-6 **8,95 €**
· **Nackenentspannung** (CD)
978-3-927372-70-2 **8,95 €**
· **Oberen Rücken stärken** (CD)
978-3-927372-73-3 **8,95 €**
· **Unteren Rücken stärken** (CD)
978-3-927372-74-0 **8,95 €**
· **Bauchmuskulatur stärken** (CD)
978-3-927372-75-7 **8,95 €**

· **Besser schlafen.** (CD)
Entspannung für die Nacht.
978-3-942772-25-9 **12,99 €**
· **Gut schlafen.** (CD)
Entspannung für die Nacht.
978-3-927372-62-7 **9,95 €**
· **Kraft tanken.** (CD)
Entspannung für den Tag.
978-3-927372-61-0 **9,95 €**

Yoga: Jeden Tag neu!
Über 100.000 mögliche Kombinationen für Übungseinheiten à 5 bis 10 Minuten.
Marcel Anders-Hoepgen
978-3-927372-69-6 **28,00 €**

Anti-Stress-Yoga.
Mit Yoga und Ernährung zurück in die Life-Work-Balance.
Petra Orzech
978-3-942772-46-4 **19,99 €**

Der Glücksvertrag
Das 21-Tage-Programm. Ein glückliches Leben in Balance dank einer Formel aus Psychologie und fernöstlicher Heilkunst. *Inklusive DVD.*
Ashish Mehta | Gela Brüggemann
978-3-942772-14-3 **19,99 €**

Yoga von Kopf bis Fuß.
5-Minuten-Übungen aus dem Sampoorna Hatha Yoga.
Die Box beinhaltet:
· Augenentspannung (CD)
· Gleichgewicht (CD)
· Nackenentspannung (CD)
· Oberen Rücken stärken (CD)
· Unteren Rücken stärken (CD)
· Bauchmuskulatur stärken (CD)
Brahmadev Marcel Anders-Hoepgen
978-3-942772-45-7 **30,00 EUR**
(erhältlich solange der Vorrat reicht)

Nada-Yoga-Musik-Reihe
· **Eternal OM** (CD)
978-3-942772-16-7 **12,99 €**
· **Shanti** (CD)
978-3-942772-29-7 **12,99 €**
· **Runterkommen** (CD)
978-3-942772-17-4 **12,99 €**
· **Gelassenheit** (CD)
978-3-942772-15-0 **12,99 €**

Ich habe so lange auf Dich gewartet!
Der lange Weg durch die Kinderwunsch-therapie. Ein Tagebuch – ärztlich kommentiert und ergänzt – über Hoffnungen, Misserfolge, Wegbegleiter und das Wunschkind.
Prof. Dr. Michael Ludwig | Maileen L.
978-3-942772-11-2 **15,99 €**

Gelenkschmerzen? Schluss damit!
Hilfe bei Arthrose, Bandscheiben- und rheumatischen Beschwerden, Fibromyalgie & Co.
Dr. Johannes R. Weingart | Ulrich Pramann
978-3-942772-58-7 **16,99 €**

ERSCHEINT SEPTEMBER 2014
VORBESTELLBAR AB SOFORT!

NEU

Das Myoreflexkonzept.
Schmerzfrei mit aktiven Muskeln.
Dr. med. Eberhard Jörg | Peter Kensok
978-3-942772-49-5 **19,99 €**

Achtsam abnehmen – 33 Methoden für jeden Tag.
Ronald Pierre Schweppe
978-3-942772-99-0 **12,99 €**

BEST-SELLER

Schlank durch Achtsamkeit.
Durch inneres Gleichgewicht zum Idealgewicht.
Ronald Pierre Schweppe
978-3-942772-90-7 **14,99 €**

NEU

Warum Stress dick macht
. . . und warum wir entspannt schneller abnehmen.
Ronald Pierre Schweppe
978-3-942772-51-8 **12,99 €**

Mut zur Trennung.
Plädoyer für eine mutige und produktive Entscheidung – Kinder brauchen Aufrichtigkeit.
Jutta Martha Beiner
978-3-942772-47-1 **15,99 €**

Natürlich verhüten ohne Pille.
Welche Methode ist die beste? Alle sicheren Alternativen. Was tun bei Kinderwunsch? Wie man die natürlichen Techniken rasch und sicher erlernt.
Anita Heßmann-Kosaris
978-3-927372-63-4 **14,95 €**

Der Gen-Code.
Das Geheimnis der Epigenetik – wie wir mit Ernährung und Bewegung unsere Gene positiv beeinflussen können.
Dr. Ulrich Strunz
978-3-942772-01-3 **14,99 €**

JETZT ALS PAPERBACK

Kräuter & Gewürze als Medizin
· Gesund und schlank mit Vitalkräften aus der Apotheke der Natur.
Klaus Oberbeil
978-3-942772-92-1 ~~19,95 €~~ **15,00 €**

Fit mit 100
Jung bleiben, länger leben
· Ein Leben lang schlank & glücklich
· Programme für Körper und Seele
· 100 wertvolle Ernährungstipps
Klaus Oberbeil
978-3-927372-93-1 **14,99 €**

Der Burnout-Irrtum
Ausgebrannt durch Vitalstoffmangel – Burnout fängt in der Körperzelle an! Das Präventionsprogramm mit Praxistipps und Fallbeispielen.
Uschi Eichinger | Kyra Hoffmann
978-3-942772-06-8 **19,99 €**

Gesund durch Stress!
Wer reizvoll lebt, bleibt länger jung!
Hans-Jürgen Richter | Dr. Peter Heilmeyer
978-3-927372-42-9 ~~15,95 €~~ **8,00 €**

Homöopathie – sanfte Heilkunst für Babys und Kinder
Homöopathische Behandlung im Alltag.
Angelika Szymczak
978-3-927372-49-8 ~~19,95 €~~ **14,00 €**